女性に贈る幸せへの指針

栗原淑江

第三文明社

はじめに

女性は「穢《けが》れた」存在である――。

かつて、そういわれていたことを、あなたはご存じでしょうか？

そして、どう思われますか？

先日、若い女性たちにたずねてみたところ、

「すっごい失礼！　そんなこと、誰が決めたんですか！」

と非難ごうごう。あまりに率直《そっちょく》で健全《けんぜん》な反応に、私は、

「ああ、過去のゆがみを知らずにのびのび生活できる、いい時代になったものだなぁ」

と感じ入ったものでした。

しかし、「すっごい失礼！」なのはそれだけではありません。

ご存じの方もいらっしゃるでしょう。

女性は成仏《じょうぶつ》できない――。

そんなふうにいわれていた時代もあったのです。

歴史的に見ると、一部の時代・地域をのぞいて、長いあいだ男性中心の時代がつづき、男尊女卑《だんそんじょひ》的な思想や制度が社会の中にはびこってきました。

女性たちは、そうした社会通念《つうねん》によって抑圧《よくあつ》され、発言や行動を大きく制限され、能力を十分に発揮《はっき》することがむずかしかったのです。

しかし、時代は大きく変わりました。人権意識《じんけんいしき》や男女平等の意識の高まりとともに、女性の社会進出も進み、結婚や出産、仕事なども自らの意志で選択《せんたく》できるようになりつつあります。女性のライフスタイルも、多様《たよう》になりました。

女性たちが輝き、社会の主体者となる「女性の世紀」が、いよいよ開幕《かいまく》したのです。女性たちは、翼《つばさ》を大きく広げ、自分らしい道を堂々と歩み始めています。ますます複雑化、多様化する社会の中で、よりよい生き方を求め、日々奮闘《ふんとう》しているのです。

私たちが生きる現代には、女性をめぐる問題だけでなく、さまざまな課題が山積しています。平和、人権、環境《かんきょう》、教育、生命倫理《りんり》など、あらゆる領域《りょういき》にわたってそのあり方が問い直され、新世紀にふさわしい新たな価値観が求められているといってよいでしょう。

そうした中で、今まで遠慮《えんりょ》がちに生きてきた女性たちが、いよいよ社会の主体者として、責任をもって活躍し、身近な問題から地球的問題群に至るまでの解決をめざし、チャレンジを開始しているのです。

あたかも、雨の一滴《いってき》が集まって、小さな川の流れとなり、やがては大河となって海に注ぐように、個人の幸福から、家族・職場・地域社会の人々の幸福へ、さらには世界全体の幸福をめざす女性たち。

古今東西《ここんとうざい》、女性たちは、人間としての生き方は当然として、男性とは異なる条件・環境のもとでの生き方を模索《もさく》してきました。釈尊《しゃくそん》の時代しかり、日蓮大聖人の時代しかり、そして現代においてもしかりです。仏教の智慧《ちえ》は、女性たちが抱《かか》える諸問題について、深い洞察《どうさつ》と珠玉《しゅぎょく》の指針を与えてくれています。

本書では、仏教経典、日蓮大聖人の遺文《いぶん》、そして池田大作ＳＧＩ（創価学会インタナショナル）会長の指導をひもときながら、グローバル時代を生きる現代女性の価値観、思想、生活指針等について、ともに考えてみたいと思います。

女性に贈る幸せへの指針——目次

第二章　ともに幸《しあわ》せになるために

第三章　よりよい社会をつくるために

第一章

自分らしく生きるために

一　人間の美しさというもの

デパートの化粧品《けしょうひん》売り場で、数万円もする超高級美容クリームが売れているらしい——。

そんな話をきいてびっくりしていたら、なんと美容整形《びようせいけい》がちょっとしたブームになっているというのを聞いて、さらにびっくりしてしまいました。

原形をほとんどとどめない大規模な整形もありますが、若い女性のあいだではやっているのは、いわゆる「プチ整形」。

「目をもう少しパッチリ」

「鼻をもう少しスッキリ」

「顎《あご》をもう少しシャープに」

というぐあいに、ほんの少しだけ手を加えて、あと少しだけきれいになりたいという願いをかなえてくれるのが、「プチ整形」というわけです。

ヒアルロン酸などの注射やレーザー照射《しょうしゃ》を用いるため、メスをほとんど使わない。だから、安価で手軽にできるのだとか。

若い女性だけではありません。中高年女性や小中学生、男性までもが、手術を受けているのです。外見を気にするのは若い女性の専売特許《せんばいとっきょ》、というのは、いまや昔の話となったようです。

親からもらった身体に傷をつけることについて、年齢や性別を超えて、抵《てい》抗感《こうかん》や罪悪感《ざいあくかん》がなくなりつつあるのでしょうか。

たしかに、人を判断、評価する時、「見た目」が優先されがちなのは事実です。第一印象なら、なおさらです。印象というものは、顔の造作《ぞうさく》だけでなく、表情やしぐさ、お化粧《けしょう》や髪型《かみがた》、ファッションなどにも左右されます。それでも、やはり目立つのは顔だということで、手っ取り早く顔の整形に飛びつくのでしょうか。

たしかに、人間の美しさというものは、大変な力をもっています。とくに女性の美しさは、男性を破滅《はめつ》に導くことすらあるのです。

釈尊《しゃくそん》の時代には、禁欲《きんよく》的な仏道修行をする男性僧が、女性の美しさの誘惑《ゆうわく》に打ち勝とうと、四苦八苦《しくはっく》したことが伝えられています。修行の邪魔《じゃま》になる女性への執着《しゅうちゃく》を絶つために、それに対処する修行法も編み出されました。

たとえば、上座部《じょうざぶ》仏教の観法《かんぽう》の一つ、「白骨観《はっこつかん》」というのは、白骨を前にして座禅《ざぜん》を行い、美しい女性も一皮むけば白骨だと念じて、色欲《しきよく》に打ち勝とうというものです。

涙ぐましい奮闘努力ぶりが伝わってくるではありませんか。

また、仏教には「色心連持《しきしんれんじ》」という考え方があります。「色」とは肉体であり、「心」とは人間の内面をさします。二つが、二にして一であるということです。つまり、人間の美しさを決定づけるのは、顔の造作や化粧、ファッションといった外面的なものだけではなく、内面的な「心」がともなってはじめて「色」の美しさが輝く、というのです。

顔は、あくまでその人の一部です。いくら顔の造作が整《ととの》っていても、いつも暗い表情をしていたり、グチっぽかったりしている人とは、一緒にいたくないでしょう。反対に、明るい笑顔《えがお》の人には魅力《みりょく》があります。笑顔は、本人や周囲の人々に活力《かつりょく》を与え、楽しくさせる作用があるのです。

興味深いテレビ番組を見たことがあります。それは、整形手術を希望する女性たちが登場し、手術だけでなく、お化粧やファッションまでコーディネイトしてもらう、という変身《へんしん》番組です。

それを見ていて思ったのは、その人の美しさ、魅力を決定づけているのは、その人の人生に対する姿勢《しせい》だということです。

というのも、ぜひ整形手術をしたいという人の話を聞いてみると、悩みの原因は顔だけでなく、むしろ人間関係や仕事にあることが多いのです。その悩みが、表情を暗くさせ、魅力を半減《はんげん》させてしまっているのです。

そのようなケースでは、手術をしなくても、お化粧やファッションを変えて気持ちを変えると、見違《みちが》えるように美しくなることがあります。内面からにじみ出る希望と自信が、その人を堂々と輝かせるのです。まさに「色心連持」ですね。

さて、顔の造作や体型は、年を重ねるにつれ、長年の重力の重みに耐え切れず、たるんだりくずれたりしてきます。これは、「老化《ろうか》」という避《さ》けることのできない自然の道理です。

ある年配《ねんぱい》の女性がぷりぷり怒っていたので、どうしたのかとたずねると、

「シワができちゃって、困るわ」

とこぼした時、

「仕方《しかた》ないですよ」

と返されたというのです。どうやら、期待していた返事は、

「そんなことないですよ」

だったらしいのですが、それこそ、「仕方ないですよ」ですね。

老化を少しでも遅らせるために、整形や高級美容クリームに頼るのもいいですが、それをいつまでもつづけるわけにもいきません。

時の重みを経《へ》てもなお輝くもの、それは、やはり人間の内面性であり、生きる姿勢なのではないでしょうか。

時おり、男女にかかわらず、実に美しい表情に出会い、ハッとすることが

あります。それは、けっして若さや外面だけによる美しさではなく、たとえば全身全霊《ぜんしんぜんれい》で何かに打ち込んでいる姿や、他人を慈《いつく》しむ思いやりにみちた表情、辛苦《しんく》を乗り越えた高齢の方に見られる、凛《りん》とした品《ひん》のあるたたずまいだったりします。そうした姿には、えもいわれぬ魅力があるものです。

池田大作ＳＧＩ（創価学会インタナショナル）会長は、

「美しくありたいと願うならば、自己の信念に生き、理想に生きることだといいたい。……たゆみなき人間の営《いとな》みはすべて美であり、怠惰《たいだ》は醜《しゅう》といえるであろう。仏法には『自体顕照《じたいけんしょう》』という言葉があるが、生命の本然《ほんねん》の力を遺《い》憾《かん》なく発揮した姿にこそ、時代を超え、年齢を超えた真の美しさがあるのだと思う」と、述べられています。

「真の美しさ」とは、信念と希望をもって生きていく中に、自《おの》ずから身につくものなのではないでしょうか。「外見」も「中身《なかみ》」も美しく輝く、カッコイイ女性として、生涯《しょうがい》さっそうと生き抜《ぬ》いていきたいものです。

そう考えると、年を重ねていくことが、楽しみになってきませんか？

二　占《うらな》い、大好き？

甘《あま》いものと占いは女性の大好物——。

それは偏見《へんけん》だ、という甘いものの苦手《にがて》な辛党《からとう》さんや、占いなんて絶対信じないという女性もいるでしょうね。

それでも、書店に並ぶ女性誌の「ケーキ特集」や、「占い特集」をみるかぎり、やはり多くの女性にとって「甘いものと占い」は大きな関心《かんしん》の的といわざるをえません。

それらの雑誌には、

「星占《うらな》いに見るあなたの運勢《うんせい》」

「あなたの恋愛・結婚・仕事運」

「あなたの未来はこうなる！」

といった文字がおどっています。

ページをめくっていて、一番目につくのが、十二星座別に占う西洋占星術《せんせいじゅつ》ですが、ほかにもタロット、血液型、風水《ふうすい》などさまざまな占いが載《の》っています。

私が究極《きゅうきょく》だなぁと思いましたのが、星座別に一か月ごとの運勢が占われているページです。その月全体の運勢が説明されているばかりでなく、なんと一日ごとに愛情・仕事・健康・金銭《きんせん》・友人の運気《うんき》と、ラッキーカラーやアイテムが記されているのです。

その上、ご親切にも、その日を乗り切るためのアドバイスまでも――。

「図書館《としょかん》でステキな出会いが」

「習《なら》いごとを始めると吉《きち》」

「赤い服がラッキーカラー」

などなど、真面目《まじめ》に実行しようとすれば、毎日が大変です。

統計《とうけい》によると、男性より女性、年配者より若者のほうが、占いに対する関心は高いようです。たしかに、女性誌には必ずといっていいほど占いのページがありますし、最近では電話による占い鑑定《かんてい》の広告も多く見られます。

また、インターネットでも占いサイトが流行しているようで、正統派《せいとうは》のものから、「回転寿司《かいてんずし》占い」、「パン占い」、「日用品占い」といった、よくわけがわからないものまであります。

占いは、古代ギリシャやローマ時代から存在していました。古代中国の

「易経《えききょう》」や亀甲《きっこう》占いはよく知られていますし、陰陽《いんよう》、五行《ごぎょう》、方位《ほうい》占いも有名です。

しかし、仏教においては、占いは行われません。生活の一切は自己の生命の現れであるとされ、自分の人生はあくまでも自分の責任であるとされるからです。

『正法念処経《しょうほうねんじょきょう》』には、

「自《みずか》ら作りし業《ごう》は……余人果報《よにんかほう》を受くるに非《あら》ず（自らが身口意《しんくい》で行った行為《こうい》の結果は、すべてその人だけにやってくる）」

とあります。これは、運命論でも、「祟《たた》り」思想でもありません。自分以外のものに未来をゆだねるのではなく、自分の行為の結果として未来を決定していく、という法理《ほうり》です。

日蓮大聖人も、

「総じて因果《いんが》をしらぬ者を邪見《じゃけん》と申すなり（おおよそ因果の道理を知らない者を、邪見の者というのである）」（「顕謗法抄」四四六頁。『日蓮大聖人御書全集』〈創価学会版〉による。以下頁数を記したものは同じ）

と喝破《かっぱ》され、

「心地観経《しんじかんぎょう》に曰《いわ》く『過去の因を知らんと欲せば其の現在の果を見よ未来の果を知らんと欲せば其の現在の因を見よ』（心地観経にいわく、「過去に自分がどのような因をつくってきたかは、現在の果を見ればわかる。同様に、未来の果を知ろうとするなら、現在の因を見よ」と）」（「開目抄」二三一頁）

として、現在の姿は過去の行為《こうい》の結果であり、未来の姿は現在の行為の結果であるとされています。

さらに、

「日蓮が弟子檀那《だんな》の肝要《かんよう》は本果より本因を宗とするなり（日蓮の弟子檀那に

とって最も重要なのは、本果よりも本因を中心とすることである)」(「御講聞書」八〇八頁)

とされています。

本因とは、仏になる根本の因(修行)のことです。終わってしまった過去の結果である現在に満足して安住《あんじゅう》してしまったり、いたずらに後悔《こうかい》したりするのではなく、未来の因となる現在を大切にし、未来に向かって前進していくことが、仏教の因果論の実践といえるでしょう。

世間では、霊感《れいかん》占いと称《しょう》して、人々の不安や恐れにつけこむビジネスも、相変わらず後をたちません。

「この壺《つぼ》を買わないと、不幸になります」

「この宝石を身に着ければ、幸福がやってきます」

「墓参《はかまい》りをしないから、先祖《せんぞ》が祟《たた》っているのです」

そのような「お告《つ》げ」に右往左往《うおうさおう》し、実際に品物の購入やご祈祷《きとう》に多額のお金を支払ってしまう人も多いようです。

占いや祟りの予言《よげん》に支配され、そのたびに恐れ、動揺《どうよう》するのは不幸です。それらにびくつきながら生きる姿は、合理的な批判《ひはん》精神の欠如《けつじょ》を示すものといえるでしょう。

物や人に頼る情けない生き方をやめて、毅然《きぜん》として現実の中で自らを鍛《きた》えていく。それこそが、幸福への道を切り開くもっとも確かな方法なのです。

実は、占いに走る女性たちも、本気で人生を占いにゆだねているというわけではないようです。話のネタとして、あるいはちょっとしたアドバイスとして、ワイワイガヤガヤ盛《も》り上《あ》がっているだけなのかもしれません。

本当は、自分の幸福は自分で築くしかないということを、彼女たちも知っているのでしょう。

そうしてみれば、昨今《さっこん》の占いブームにも、目くじらを立てる必要はないかもしれませんね。

三 「こよなき幸《しあわ》せ」とは?

とある歌謡曲の間奏《かんそう》にはいる、あまりに有名なあのセリフ、「幸せだなぁ、ボクはキミといる時が……」ある年代以上の方々にとって、かなり懐《なつ》かしいものなのではないでしょうか。もしかしたら、実際に恋人に向かって使ってみた経験がおありの方、いらっしゃるかもしれませんね。

ところで、あなたが心から「幸せだなぁ」と感じるのは、どういう時でしようか？

家や車、ブランド品など、欲《ほ》しかったものがやっと手に入った時でしょうか。おいしいものを食べている時でしょうか。仕事がうまくいった時でしょうか。それとも、愛する人や気のあう仲間と一緒にすごしている時でしょうか。

私たちがこの世に生をうけた以上、幸せに生きたいというのは当然の願いです。

しかし、「幸せ」とは何でしょうか？

「幸せ」には、国境や時代を超越する、人類共通のものがあるのでしょうか？

釈尊《しゃくそん》は、原始仏典『スッタニパータ』の中で、いくつかの「こよなき幸せ」の例をあげています。「最上の幸せを説いてください」という懇請《こんせい》に対して、体系的《たいけいてき》ではありませんが、次のように述べているのです（二五九節〜二六九節より抜粋《ばっすい》、以下同）。

「もろもろの愚者《ぐしゃ》に親しまないで、もろもろの賢者《けんけん》に親しみ、尊敬すべき人々を尊敬すること」

「適当な場所に住み、あらかじめ功徳《くどく》を積んでいて、みずからは正しい誓願《せいがん》を起こしていること」

「学ぶところ多く、技術《ぎじゅつ》を身につけ、身をつつしむことをよく学び、言葉がみごとであること……。父母につかえること、妻子を愛し護《まも》ること、仕事に秩序《ちつじょ》あり混乱《こんらん》せぬこと」

また、このようにも述べています。

「尊敬と謙遜《けんそん》と満足と感謝《かんしゃ》と、適当な時に教えを聞くこと」

「耐《た》え忍《しの》ぶこと、言葉のやさしいこと、もろもろの『道の人』（哲人）に会うこと、適当な時に理法《りほう》についての教えを聞くこと」

「修養《しゅうよう》と、清らかな行いと、聖なる真理を見ること、安らぎ（ニルヴァーナ）を体得すること」

そして、最後に、

「これらのことを行うならば、いかなることに関しても敗《やぶ》れることがない。あらゆることについて幸福に達《たっ》する……これが彼らにとってこよなき幸せである」

と結《むす》んでいます。

冒頭《ぼうとう》にあげた現代的な「幸せ」とは、ずいぶんと違いがありますね。

モノやお金、地位などではなく、人間としての内面を充実《じゅうじつ》させること、他者とのすばらしい関係を築くことに、「幸せ」の基準《きじゅん》が置かれているからです。

ちょっと聞きなれない言葉かもしれませんが、これらは「絶対的幸福」といえるでしょう。それに対する「相対的幸福」とは、欲望《よくぼう》の充足《じゅうそく》によって感じる幸福のことです。

不況《ふきょう》不況といわれていますが、それでも、

「あれが欲しい、あそこへ行きたい、これを食べたい」

と、モノやお金への執着《しゅうちゃく》はとどまるところを知りません。

仕事や地位を求める競争《きょうそう》のすさまじさも、相変わらずです。あげく、賄賂《わいろ》や口利《くちき》き料が袖《そで》の下を行ったり来たり。

そして、それらを求めて得《え》られないことが、不幸の大きな部分を占めているのです（求不得苦《ぐふとっく》）。恐ろしいのは、それらは求めても求めてもきりがなく、これで十分という終わりがないことです。

もちろん、私たちが生活する上で、モノやお金は必要です。必要なものは手に入れなくてはなりません。しかし、手に入れれば入れるほど、もっと欲しくなるのが、おおかたの人間の習性《しゅうせい》といえましょう。

モノやお金を否定するのではなく、それだけが幸せではない、それは相対的なものにすぎないと見きわめるのが、仏教の智慧《ちえ》なのです。

このように、「相対的幸福」とは、つねに他者《たしゃ》（人・モノやお金・地位）に依存《いぞん》し、他者によって左右される不安定な「幸せ」です。

それに対して、「絶対的幸福」は、自己の成長と内的充実を目指《めざ》し、自己を基本とするため、他者に左右されることはありません。自分しだいなのです。生命自体の躍動《やくどう》、充実感による幸福といえましょう。

池田SGI会長は、指摘されています。

「人間それ自体としての真実の幸福は、何よりもその生命の内奥《ないおう》において生み出され、築かれるものである。けっして外面の肩書《かたが》きや名声《めいせい》などによるのではない。生命の奥底より湧現《ゆげん》した幸福感は、外から破壊されるものでもなく、永久に尽《つ》きることもない」と。

そして、

「生きていること自体が楽しい……こういう境涯《きょうがい》を『絶対的幸福』といいます。信仰を貫き通せば、必ずそうなっていくのです。生命力のエンジンが『さあ、何でもこい！』というふうに、たくましくなってくる」

さらに、

「『幸福』は何によって決まるか。これが人生の根本問題である。結論的にいえば、幸福のもっとも重要な要素、それは自分自身の内なる『境涯』である。大いなる境涯の人は幸福である。広々とした心で、毎日を生き抜いていける。強き境涯の人は幸せである。苦しみにも負けることなく、悠々《ゆうゆう》と一生を楽しんでいける」と。

結局、人は生きたようにしか死ねません。死ぬ時は、この身一つで死んでいく。モノやお金といった「蔵《くら》の財《たから》」や、地位や権力、名声《めいせい》といった「身の財」は地上に置いていくしかないのです。

日蓮大聖人は、

「蔵《くら》の財よりも身の財すぐれたり身の財より心の財第一なり（蔵にたくわえる財よりも、身の財がすぐれている。その身の財よりも、心に積んだ財が第一である）」（「崇峻《すしゅん》天皇御書」一一七三頁）

と述べられています。

私たちが日々少しずつ積み上げる「心の財」。それこそが、いつの世にも人類普遍《ふへん》の「こよなき幸せ」を生み出すといえるでしょう。

四　苦しい時こそチャンス

特別なぜいたくはいらない、平凡でいいから楽しく心穏《おだ》やかな毎日をすごしたいと願うのは、私だけではないでしょう。

しかし、そう願いつつ生きるには、人生はあまりにも長い。生きていく日々の中で、思いがけず、難題《なんだい》が降《ふ》りかかってくることがあります。

大きなかたまりがドスンドスン、小さなかたまりがパラパラ。

なぜか、悩み、苦しみ、悲しみのタネだけは尽《つ》きないものですね。

自分や家族の老い、病、死は自然の理ですが、平凡なはずの人生に、どう考えても理不尽《りふじん》な不幸が降りかかることがあります。

「なぜ、私だけがこんな目にあわなければならないのか」
と嘆《なげ》いたり怒ったりした経験は、どなたもおもちでしょう。
仏教には、「変毒為薬《へんどくいやく》」という考え方があります。毒を変じて薬となす、すなわち、苦悩《くのう》や災《わざわ》いにあうことでいよいよ信仰を深め、かえって大利益を得るということです。

これに関する日蓮大聖人の言葉をあげてみます。

「竜樹菩薩《りゅうじゅぼさつ》・妙法の妙の一字を釈して譬《たと》えば大薬師の能く毒を以て薬と為すが如し等云云、毒と云うは何物ぞ我等が煩悩《ぼんのう》・業《ごう》・苦《く》の三道なり薬とは何物ぞ法身《ほっしん》・般若《はんにゃ》・解脱《げだつ》なり、能く毒を以て薬と為すとは何物ぞ三道を変じて三徳と為すのみ（竜樹は、妙法の妙の一字を解釈して、たとえばすぐれた医師が毒をもって薬とするようなものである等。毒とは何ものであるか。煩悩・業・苦の三道である。薬とは何ものであるか。法身・般若・解脱の三徳である。毒をもって薬とするとは何ものであるか。三道を変じて三徳とすることである）」（「始聞仏乗義」九八四頁）と。

つまり、妙法の力によって、煩悩・業・苦の三道を、法身・般若・解脱の三徳に変えることができると、教示されているのです。

また、灸《やいと》（お灸《きゅう》）を例にあげて、

「我等は現《げん》には此の大難に値うとも後生は仏になりなん、設えば灸治《やいと》のごとし当時《とうじ》はいた《痛》けれども後の薬なればいた《疼》くていたからず（われらは、現在は仏法のためにこの大難にあってはいても、後生は仏になれるのである。たとえば、灸治のようなもので、その時は熱くて痛いけれども、後には薬になるのであるから、痛くても本当は痛くないのである）」（「聖人御難事」一一九〇頁）

とされています。

たとえば、心身《しんしん》ともにとくにダメージの大きい病気も、見方《みかた》を変えれば大きな気づきのチャンスなのだと教示されています。

病気になった経王御前《きょうおうごぜん》を、日蓮大聖人が激励された言葉があります。

「南無妙法蓮華経は師子吼《ししく》の如し・いかなる病さはり《障》をなすべきや……経王御前には・わざ《禍》はひも転じて幸となるべし、あひかまへて御信心を出し此の御本尊に祈念せしめ給へ、何事か成就せざるべき（南無妙法蓮華経は師子吼のようなものである。どのような病が障《さわ》りをなすことができようか。……経王御前にとっては、今のわざわいも転じて幸いとなるであろう。心して信心を奮《ふる》い起《おこ》してこの御本尊に御祈念《きねん》していきなさい。何事か成就《じょうじゅ》しないわけがあろうか）」

（「経王殿御返事」一一二四頁）

と。また、

「このやまひは仏の御はからひか・そのゆへは浄名経《じょうみょうきょう》・涅槃《ねはん》経には病ある人仏になるべきよしとかれて候、病によりて道心はをこり候なり（この病気は、仏の御はからいであろうか。そのわけは、浄名経、涅槃経には病がある人は仏になると説かれているからである。病によって仏道を求める心は起こるものである)」(「妙心尼御前御返事」一四八〇頁)

と指摘されています。

この御書に対して、SGI会長は次のように指導されています。

「疾病《しっぺい》も人生の中の一つの相であることを意味しています。したがって、病気そのものは必ずしも人生の敗北《はいぼく》を意味するものではなく、むしろ、それとの対決を通して、新たな生命の充実を招来《しょうらい》し、人生勝利の凱歌《がいか》をあげることも可能なのです」

「病気を患《わずら》うことによって、人間は人生の意味を洞察《どうさつ》し、生命の尊厳性《そんげんせい》を学び、一段と充実した人生を開拓《かいたく》できるという意味です。病気を克服《こくふく》するプロセスそのものが、心身を鍛《きた》え、より幅《はば》の広い均衡《きんこう》状態を作り出していくのであり、そこに健康が輝いていくのではないでしょうか」と。

人の一生は、障害物競走《しょうがいぶつ》にたとえられます。

死というゴールにたどり着くまでに直面する、さまざまな「障害」を、くぐり、乗り越え、避《さ》けたりしながら、時に土まみれになって進むのです。たとえ転《ころ》んでもタダでは起きないぞとの心意気《こころいき》や、「障害」さえも楽しむ心が、苦しみを幸福へと変える力になるでしょう。

つらいことは、長くはつづかないものです。「朝の来ない夜はない」し、「冬はかならず春となる」のです。絶望《ぜつぼう》の一寸先《いっすんさき》は、バラ色の日々かもしれません。ちょっと長いスパン（時間的な幅）で状況《じょうきょう》を見つめてみれば、それを見通《みとお》すことができるでしょう。希望をなくさない限り、苦しみを幸せに変える力が出てくるのです。

また、人生、何が幸いするかわかりません。たとえば、失恋《しつれん》した、大学受験《じゅけん》に失敗したという苦しみ。振り返れば、その後もっとステキな人と恋におちたり、自分にあった大学に入れたというように、吉《きち》に変わったという話をよく聞きますね。

ジグザグ道をつまずきながら歩いていたと思ったのに、後になってみれば、どれも不可欠《ふかけつ》な最短距離《さいたんきょり》であったりして。幸不幸は、一生を通してみないとわからない。途中《とちゅう》で落ち込んでいるヒマはありません。

また、一つのことに失敗したとしても、人生すべてに失敗したわけではありません。今は出番《でばん》ではないと思ったら、力を蓄《たくわ》えながら出番を待つのも、楽しみの一つです。

ＳＧＩ会長は、

「一番、大変な時に、何を決意し、どう行動したか。これで人生は決まる。ここに人間の真価《しんか》があり、偉《えら》さがある」

と指導されています。

一番、苦労をした人が、一番、晴れやかに輝く人なのです。真の苦労や悲しみは、偉大なる人生を鼓舞《こぶ》し、偉大な人を育てるカギといえるでしょう。

五　長生きは楽しい

かつての高齢者《こうれいしゃ》のイメージに、「隠居《いんきょ》して盆栽《ぼんさい》いじり、日の当たる縁側《えんがわ》でお茶をすする」という、ステレオタイプのものがありますよね。スポーツもゲートボールが定番《ていばん》。

ところが、最近は、そうした「老人」のイメージを打ち破るような、元気な方々が増えています。趣味《しゅみ》や旅行、ボランティアなどを活発《かっぱつ》に行い、チャレンジするスポーツも、マラソンや水泳、登山など、実に多岐《たき》にわたっているようです。

日本は、名実《めいじつ》ともに世界一の長寿国《ちょうじゅこく》です。平均寿命《へいきんじゅみょう》は、男性が七十九歳を超《こ》え、女性にいたっては八十六歳を超えました。百歳以上の方もめずらしくありません。戦前の日本人の平均寿命が四十代だったのですから、当時と比《くら》べると、二倍近くも長生きになったのですね。

ところが、長生きするということは大変おめでたい、すばらしいことなのに、それを素直《すなお》にことほぐことができないような、不思議な現象があるのです。

それは、老人医療《いりょう》や年金《ねんきん》といった「困った」問題ばかりがクローズアップされ、長生きが「弊害《へいがい》」であるかのように扱《あつか》われているからです。

実際、経済的もしくは健康上の理由での、高齢者の自殺、心中《しんじゅう》などが新聞紙面に見られます。とくに「敬老《けいろう》の日」前後に、そうした事件が多くなることに、胸が痛みます。

また、高齢の子どもが親を世話する「老老介護《ろうろうかいご》」や、独居老人《どっきょろうじん》の孤独死《こどくし》も、長寿大国の大きな問題です。長生きしたことで肩身《かたみ》の狭《せま》い思いをしたり、迷惑《めいわく》をかけないようポックリ早く死にたいと願う人もいます。

私は、そんな日本の社会に、疑問を感じずにはいられないのです。

「『老人を尊敬する社会』こそ『人間を尊敬する社会』であり、それでこそ『生き生きと栄《さか》えゆく社会』」であると、SGI会長は述べられています。

仏教では、人生には生老病死《しょうろうびょうし》の「四苦《しく》」があるとしています。人間として生を受けてから、死んでいくまでに直面《ちょくめん》する苦しみです。

「生苦」とは出産までに胎児《たいじ》として受ける苦しみ、「老苦」とは老衰《ろうすい》に向かう苦しみ、「病苦」とは病気による苦しみ、そして「死苦」とは死に直面した苦しみをいいます。

日蓮大聖人は、

「三界之相《さんがいしそう》とは生老病死なり（三界の相というのは、生老病死の四苦をいう）」（「御義口伝」七五三頁）

と示されています。この現象界の生き物はみな、生老病死を変転《へんてん》していくもので、人間もそれをまぬがれることはない、というのです。

ＳＧＩ会長は、老年期の価値を、次のように語られています。

「学生時代が第一の人生、その後が第二の人生とすると、老年期は総仕上げの『第三の人生』。体は衰《おとろ》えていく。しかし、人生は心一つで、いつでも、どこでも自分を輝かせることができる。さあこれからだ。新たな目標《もくひょう》を掲《かか》げ、進んでいこう……こういう前向きな気持ちが脳細胞《のうさいぼう》にも刺激《しげき》を与え、新たな活力を生み出していく」

また、

「高齢になっても、社会の中で積極的に活躍し、創造的《そうぞうてき》な仕事をされている人、社会のために奉仕《ほうし》しゆく人は多くおります。そういう方々を見ますと、豊かな経験に基づき、鋭い洞察力《どうさつ》と総合的判断力を発揮《はっき》して、新しい知識を次々と吸収しています。そのような人生にとって、『老い』とは、この世での人生ドラマの人格完成への最終章《さいしゅうしょう》を描きあげているといえます。それこそ、創造と希望の歓喜《かんき》のドラマです」

老年期は、人生のオマケではなく、最高に輝かしい最終章だと考えたなら、もっともっと充実した日々になることでしょう。

ちなみに、人生の節々《ふしぶし》には「厄年《やくどし》」というものがあり、身体的・肉体的な節とされています。現在でも、それぞれの厄年に、厄除《やくよ》けに出かける人は多いことでしょう。

日蓮大聖人は、三十三歳の厄年を悩んでいた四条金吾の妻に対して、次のように、お手紙で激励されています。

当時の三十三歳は、かなりの年齢といえます。

「三十三のやく《厄》は転じて三十三のさい《幸》はひとならせ給うべし、七難即滅《しちなんそくめつ》・七福即生《しちふくそくしょう》とは是なり、年は・わか《若》うなり福はかさなり候べし（三十三の厄は転じて三十三の福となるであろう。「七難即滅・七福即生」とはこれである。年は若返り、福は重なるでしょう）」（「四条金吾殿女房御返事」一一三五頁）と。

加齢《かれい》による厄年を、つらいものとしてではなく、むしろ福徳《ふくとく》を増すための契機《けいき》として、積極的にとらえられているのです。

さて、最後に、死について考えてみましょう。

それは、誰もが逃《のが》れられない生命のゴールです。

原始仏典『ダンマパダ』には、

「ああ　この身　久しからずして　地上に横たわらん　意識離れ去りて　捨《す》てられること　あたかも無用の木材のごとし」（四一節）

と、死の定めが記されています。

日蓮大聖人も、

「命はかぎりある事なり・すこしも・をどろく事なかれ（人の寿命《じゅみょう》は限《かぎ》りがあるものであるから、死を少しも恐れてはならない）」（「法華証明抄」一五八七頁）

とおおせです。死はけっして「無」でも「敗北」でもなく、自然の道理なのです。また、

「人の寿命《いのち》は無常《むじょう》なり、出る気《いき》は入る気を待つ事なし・風の前の露尚譬《なおたと》えにあらず、かしこき《賢》もはかなき《愚》も老いたるも若きも定め無き習いなり、されば先《まず》臨終の事を習うて後に他事を習うべし（人の寿命は無常である。出る息は入

る息を待つことがない。風の前の露《つゆ》というのは単なるたとえではない。賢い者も愚かな者も、老いた者も若い者も、いつどうなるかわからないのが世の常である。それゆえ、まず臨終《りんじゅう》のことを習って、その後に他のことを習おう）」（「妙法尼御前御返事」一四〇四頁）

と、死は必ずおとずれるのであるから、何よりもまず臨終のことをよくよくわきまえることが大事であると、ご教示されています。

ところで、死は、高齢者だけにおとずれるのではありません。不慮《ふりょ》の事故や病気は、誰にでも襲《おそ》いかかります。しかし、何歳でこの世を去ろうとも、この世に何らかの痕跡《こんせき》を残していくことに、違いはありません。

そして、その痕跡が、他の人のためになったということであったならば、こんなにすばらしいことはないでしょう。

ＳＧＩ会長は、

「大勢《おおぜい》の人に尽《つ》くす。その人が偉《えら》い。どんな有名人よりも、権力者よりも本当は偉い。亡くなった時、みんなが『ああ、あの人のおかげで、私は幸せになったんだ。あの人の励ましで私は立ち上がれたんだ』と心から慕《した》い、感謝する。そういう人が『人間として』一番偉く、幸福なのではないか」

と指摘されています。

生まれてすぐ亡くなった子すら、周囲の人々に「励まし」を与えることができます。生きた人の生命の痕跡が、誰かの幸せとなるような人生。何とすばらしいことでしょうか。

六　女性は成仏《じょうぶつ》できない!?

もし、生まれ変わるとしたら、あなたは、男性と女性のどちらがいいですか？

この質問に対し、数十年前には、「男性に」と答えた女性が大変多かったといいます。ところが、最近では「次も女性に」という回答《かいとう》が増え、逆転《ぎゃくてん》しているとか。少しずつ、しかし確実に、女性にとって生きやすい社会になっていることの反映でしょうか。

歴史上の数少ない例外をのぞいて、女性の立場はつねに弱く、その存在は隅《すみ》へと追いやられてきました。ここでは、女性の置かれた状況をひもといてみたいと思います。

「女子ども《おんなこ》」という言葉がありますね。若い人はもうあまり使わないかもしれませんが、

「女子どもが喜ぶような映画……」

「女子どもが食べるような味付《あじつ》け……」

といういい回しがあります。どちらも否定的な意味あいです。暗《あん》に、「大人《おとな》である男には（つまらなすぎて／甘すぎて）物足りないが、女と子どもにはちょうどいい」と。

「女子どもは口を出すな」という言葉もあります。女性は年齢を問わず大人とはみなされていなかった。子ども同様の半人前の人間とされ、二次的、従属的《じゅうぞくてき》な存在と位置づけられていたのです。いわゆる「第二の性」（ボーヴォワール）です。

インドや中国、日本には、「三従思想《さんじゅう》」というものがあります。これは、女性のとるべき立場を示すものです。幼《おさな》い時は父親に、結婚したら夫《おっと》に、年をとったら子ども（息子《むすこ》）に従《したが》え、という考え方です。

これを見てもわかるように、女性は自分の考えをもつこと、自分の意志で行動することを制限され、自分の人生のほとんどを、自分以外の人間によって決められてきたのです。

では、そのような女性たちにとって、何が救《すく》いだったのでしょうか。宗教は、その一つだったことでしょう。

しかし、残念なのは、本来そのように弱い立場の人々を救うべき宗教が、おうおうにして、逆に女性たちを追いつめて、身動きがとれないようにする役割《やくわり》を担《にな》ってしまったことです。

近年、フェミニズム運動や女性学の進展《しんてん》にともない、諸宗教を「女性の視《し》点《てん》」から再検討する動きがあります。

それによると、宗教は、「女性を抑圧《よくあつ》してきた装置《そうち》」として、評判が悪いようなのです。キリスト教しかり、イスラム教しかり、そして仏教しかり。

「仏教よ、お前もか！」

なんだか、裏切《うらぎ》られた気分ではないですか。

しかし、残念ながら、事実なのです。仏教では本来、一切衆生《いっさいしゅうじょう》が成仏《じょうぶつ》できるとしていますが、時代や社会によって、「女性は成仏できない」というように、教えがねじ曲《ま》げられてしまったのです。

釈尊《しゃくそん》は、女性蔑視《べっし》がはなはだしい古代インド社会においてすら、「男も女も成仏できる」とし、宗教的資格《しかく》において男女差はないと宣言しました。

しかし、仏教が制度化し、男性中心の教団運営がなされていく過程《かてい》で、当時の社会状況もあいまって、女性蔑視の視点が盛り込まれていってしまったのです。

なかでも悪名高いのが、「女人五障説《にょにんごしょうせつ》」です。

これは、紀元前後のインドの仏教教団で成立した考え方です。経典《きょうてん》によって若干《じゃっかん》の相違はありますが、おおむね、女性は「梵天王《ぼんてんのう》・帝釈《たいしゃく》・魔王《まおう》・転輪聖王《てんりんじょうおう》・仏《ほとけ》」にはなれないとするものです。

梵天王と帝釈天は、仏法を守護《しゅご》する諸天善神《しょてんぜんじん》で、魔王とは第六天の魔王、転輪聖王とは理想の王のことです。

つまり、女性は神にも悪魔にも指導者にもなれないとされ、最後は仏にもなれないと刻印《こくいん》づけられたのです。これでは、成仏したくて仏道に近づく女性を排除《はいじょ》する、狭量な宗教といわざるをえません。

おそらくは、当時のインド社会における女性観が、色濃《いろこ》く反映《はんえい》されているのです。なぜなら、同じころに使用されていた『マヌ法典』には、

「女性を殺すことは、穀物《こくもつ》や家畜《かちく》を盗《ぬす》んだり、酔っ払った女性を強姦《ごうかん》するのと同じく、微罪《びざい》である」

「女性はつねに独立していない」

「女性はヴェーダを読誦《どくじゅ》することはできない」

などとされており、どれほど女性が虐《しいた》げられ、差別されていたかが想像できるからです。

ところが、そんな状況の中でも、女性の成仏を記した仏典があります。『法華経《ほけきょう》』等にみられる「竜女《りゅうにょ》の成仏」です。『法華経提婆達多品《だいばだったほん》第十二』には、海の底に住む八歳《はっさい》の竜王《りゅうおう》の娘が、釈尊の前で成仏の姿を示したことが記されています。

その中で、悟《さと》りに達したという竜女に向かって、それを信じようとしない舎利弗《しゃりほつ》が、疑いをさしはさむ場面があります。彼いわく、

「婦女子が努《つと》め励《はげ》む心をくじかせることなく、幾百劫・幾千劫《こう》のあいだ福徳ある所行をし、六波羅蜜《ろくはらみつ》を完成したとしても、今日まで仏の境界が得られたことはない。なぜかといえば、婦女子は今日に至るまで次の五種《ごしゅ》の地位を得たことがないから」

として、「女人五障説」をあげるのです。

すると、竜女は釈尊に宝珠《ほうじゅ》を献上《けんじょう》し、人々の前で男性に変身し、菩薩《ぼさつ》になったことを示します。そして、南方におもむき、「無垢世界《むくせかい》」において仏となり、光明《こうみょう》で十方を照らして教えを説く姿を示すのです。

ただし、男性の姿に変身してからの成仏です（「変成男子《へんじょうなんし》」説）。おそらくは、当時の社会通念にあわせた「ギリギリの妥協策《だきょうさく》」なのでしょう。

ともあれ、諸経典において成仏を拒否《きょひ》されていた女性が、『法華経』において成仏の道を開かれたというのは、画期的《かっきてき》なことです。この説は、日本でも大きな影響力をもち、とくに女性たちにとっては、最大の「励《はげ》ましの経典」となったようです。

『源氏物語』には、浮舟《うきふね》が『法華経』を学ぶ姿が描かれていますから、平安時代の貴族女性たちのあいだでもよく読まれていたようです。

また、『梁塵秘抄《りょうじんひしょう》』には、竜女成仏をうたった歌がいくつか収《おさ》められています。たとえば、

「女人五つの障《さわ》りあり、無垢《むく》の浄土は疎《うと》けれど、蓮花し濁《にご》りに開くれば、竜女も仏に成りにけり（女人の身には五つの障りがあって、浄土にも疎遠《そえん》で成仏しがたいけれど、清らかな蓮花が濁った水の中から咲くように、五障のある竜女も成仏できたのだ）」など。

それよりもっと明白に、女人成仏を主張された方がいらっしゃいます。

日蓮大聖人です。

竜女の成仏を根拠《こんきょ》に、徹底的な女人成仏思想を掲《かか》げられたのです。たとえば、

「法華已前の諸の小乗教には女人の成仏をゆるさず、諸の大乗経には成仏・往生《おうじょう》をゆるすやうなれども或は改転《かいてん》の成仏にして一念三千の成仏にあらざれば有名無実《うみょうむじつ》の成仏往生なり、挙一例諸《こいちれいしょ》と申して竜女が成仏は末代の女人の成仏往生の道をふみあけたるなるべし（法華已前のもろもろの小乗教では、女人の成仏を許さなかった。もろもろの大乗経には女人の成仏往生《おうじょう》を許すようではあるが、それは改転《かいてん》の成仏であり、一念三千の即身成仏《そくしんじょうぶつ》ではないから、有名無実の成仏往生である。『一をあげて諸に例す』といって、竜女の成仏は末代の女人の成仏往生の道をふみあけたものである）」（「開目抄」二二三頁）と。

ここで「改転の成仏」とは「変成男子」のことです。大聖人は「変成男子」ではなく、あくまで「即身成仏」ととらえ、竜女の成仏がすべての女人成仏

の先駆《さきが》けであるとされたのです。

さらに、大聖人は、

「末法にして妙法蓮華経の五字を弘めん者は男女はきらふべからず、皆地涌《じゆ》の菩薩《ぼさつ》の出現に非《あら》ずんば唱へがたき題目なり（末法において妙法蓮華経の五字を広める者は、男女の分けへだてをしてはならない。皆、地涌の菩薩が出現した人々でなければ唱えることのできない題目なのである）」（「諸法実相抄」一三六〇頁）

と、信仰実践における徹底した男女平等を述べられています。

これは、当時、もしくはそれ以前の宗教者たちにはほとんど見られない主張です。ここには、性によって人間を差別する様子は、みじんも見られません。

日蓮大聖人は、鎌倉時代の祖師《そし》たちの中で、最大の「フェミニスト」であったとの指摘があります。女性信者も多く、大聖人が彼女たちにあてた手紙も数多く残っています。彼女たちは、それによって大いに激励され、堂々と信仰を貫くことができたことでしょう。

たとえば、光日尼へしたためたお手紙には、

「三つのつな《綱》は今生に切れぬ五つのさわり《障》はすで《既》にはれぬらむ、心の月くもりなく身のあか《垢》きへはてぬ、即身の仏なり・たうとし・たうとし（三つの綱〔三従《さんじゅう》〕は今生において切れた。五つの障り〔五障〕もすでに晴れたであろう。心の仏性の月はくもりがなく、身の罪障《ざいしょう》である垢《あか》も消え去った。あなたは即身の仏である。まことに尊い）」（「光日尼御返事」九三四頁）

とあります。

フェミニズムからは評判がよろしくない仏教全般の中で、釈尊の男女平等観、『法華経』等における「竜女の成仏」、そして日蓮大聖人の女人成仏論は、

脈々と流れてきた一筋の女性解放思想の系譜《けいふ》といえるでしょう。

つまり、それらは、女性を差別する思想に対して、実践をもってそれを打ち破った『大いなる人権宣言』」（池田SGI会長）だったのです。

長いあいだ、その存在を軽んじられてきた女性たちが、自分たちの意志と言葉と足で主張を始め、歩き出したのは、ようやく二十世紀も半ばを過ぎたころのことでした。

そのような歴史の源流には、女性も男性も同じく尊厳されるべきであり「成仏できる」こと、つまり、自己実現や社会貢献《こうけん》ができることを、ずっと昔に教えられた方々がいたのです。そのことを、私たちは心にとめておきたいものです。

七　「女人禁制《にょにんきんせい》」今むかし

一つの印象的《いんしょうてき》な場面が、思い起こされます。ニューヨークで開催された、国連特別総会「女性二〇〇〇年会議」でのことです。

あるシンポジウムで、大阪からきた女性が、大相撲《おおずもう》の土俵《どひょう》に女性が上がれず、当時は女性が府知事であったため、代理の男性が優勝力士を表彰《ひょうしょう》した、という件について発言しました。

すると、それに驚いたアメリカの女性政治家が、

「大リーグでは、女性も始球式《しきゅうしき》をしますけどね」

と応じたのです。

たしかに、相撲と野球、一見するとどちらも人気の高い国民的スポーツであり、同じ枠《わく》で考えられがちです。けれども、両者には決定的な違いがあります。土俵が、日本古来《こらい》の伝統によって「聖域《せいいき》」とされている点です。

日本でも、女性が野球場のマウンドには立つことはできます。しかし、土俵に立ち入ることはできません。その理由の一つが女性は「穢《けが》れている」とされたことです。女性が立ち入ることで、「聖域」が「穢れ」てしまってはならないからです。

日本では、長いあいだ、土俵だけでなく、酒造りやトンネル工事などにおいても、女性が締《し》め出されてきました。その最たるものが、平安時代に始まった、有力寺院や神社における「女人禁制」の制度です。

東大寺や延暦寺《えんりゃくじ》、金剛峯寺《こんごうぶじ》などの寺院や、修験道《しゅげんどう》の場となった社寺が、「結界《けっかい》」をもうけて女性を排除《はいじょ》したのです。結界の境界には、「是より女人禁制」等と書かれた石や木、門が置かれました。

この制度の影響は、思わぬところにあらわれています。

たとえば、『源氏物語《げんじ》』に描《えが》かれた比叡山《ひえいざん》の描写《びょうしゃ》が、ほかの箇所に比べて平板《へいばん》であることが指摘されています。これは、女性である紫式部《むらさきしきぶ》が、比叡山のふもとまでしか行けず、聖域については男性から聞いた話をもとに記述したためだろうと推測《すいそく》されているのです。

この制度を正当化した根拠は、前節であげた「女人五障説」とともに、日本古来の「穢《けが》れ」の概念《がいねん》です。

この「穢れ」とは、一体何なのでしょうか?

人間には三つの「穢れ」があるといわれています。死穢《しえ》（死の穢れ）・産《さん》穢《え》（出産の穢れ、白不浄）・血穢《けつえ》（経血《けいけつ》の穢れ、赤不浄）です。「穢れ」は、ウイルスのように伝染し、周囲を汚染《おせん》すると考えられました。

それで、人々はそれらとの接触《せっしょく》をきらい、接触してしまった時には、水や塩による「清め」、「祓《はら》い」や「みそぎ」、あるいは「忌《い》み」を行ったのです。

死は、命あるものの免《まぬが》れることのできない宿命《しゅくめい》です。しかし、残りの二つは女性特有のものです。神仏を汚《けが》すとされた出血《しゅっけつ》をともなう肉体上の現象《げんしょう》が、「穢れ」とみなされたのです。

当初は、「穢れ」は、月経《げっけい》や出産の時だけに限定されていました。女性たちは、一時的に「月経小屋」や「産小屋」などに隔離《かくり》され、それが過ぎると小屋から出て日常生活に戻ったのです。

ところが、しだいに、女性そのものが穢れているとされるようになります。この穢れ思想と仏教思想が合致して、十一世紀に「女人禁制」の制度がつくられたのです。

なんだか、おかしな理屈ではありませんか。

第一、月経や出産は、生命をこの世に生み出すための厳粛《げんしゅく》で自然な現象。排除の理由になることではないでしょう。

たしかに、医学的知識が乏《とぼ》しく、妊娠《にんしん》・出産のメカニズムが判明していない時代のことですから、女性の身体は、今以上に正体不明で神秘的《しんぴてき》と考えられていたのでしょう。

生命が生命を作り出すパワーに、男性たちが恐れを抱いたのでしょうか。それで、女性をわざと「穢れ」とみなして隔離・排除しようとしたのでしょうか。実際、そのような解釈があります。

しかし、そのような時代にも、経血《けいけつ》や出産を「穢れ」と考えない人々がいました。日蓮大聖人もそのおひとりです。

ある時、大学三郎の妻が問いました。

「月経時に経を読誦《どくじゅ》してはいけないのでしょうか」

すると、大聖人は、そのように説いた経典を見たことはないし、釈尊在世のころにも問題にならなかったと答えられたのです。そして、

「月水《つきみず》と申す物は外より来れる不浄にもあらず、只《ただ》女人のくせ《癖》かたわ生死《しょうじ》の種《たね》を継ぐべき理《ことわり》にや、又長病《ながわずらい》の様なる物なり例せば屎尿《しにょう》なんどは人の身より出《いず》れども能《よ》く浄くなしぬれば別にいみもなし是体《これてい》に侍《はべ》る事か（月水〔経血〕というものは外から来た不浄でもない。ただ女人としての肉体的特質で、それは生死の種を継ぐべき道理のようである。また長患《わずら》いのようなものである。たとえば屎尿などは人の身から出るが、よく清くさえすればべつに忌むべきものではない。これと同じようなことであろう）」（「月水御書」一二〇二頁）

とされ、経血は大小便のように、生理作用で身体から出るものであるから、その期間の仏道修行も、通常通りでなんら差《さ》し支《つか》えないとご教示されているのです。つまり、経血は身体の自然現象であり、けっして「穢れ」などでは

ないとされたのです。

何と合理的、現代的なお考えでしょうか。

また、出産についても、

「宝浄世界《ほうじょう》とは我等が母の胎内《たいない》なり（多宝如来《たほうにょらい》の住む宝浄世界とは、母親の胎内のことである。なぜなら、母の胎内とは、生命の出生するところであり、生命以上にすぐれた宝はないゆえに、宝浄世界というのである）」（「御義口伝」七四〇頁）

と述べられ、女性の胎内を清浄なものとして讃《たた》えられているのです。

しかし、歴史的に見ると、女人禁制の制度はしだいに拡大、強化され、江戸時代にまでえんえんとつづきました。

禁制を犯《おか》して結界《けっかい》内に立ち入ろうとした女性もいたようですが、仏罰《ぶつばち》で石に変えられたとか、嵐《あらし》にあって命をおとしたなどとされ、禁制を犯すことの恐ろしさを語る伝説に仕立て上げられてしまったのです。

これがようやく解かれたのは、明治五（一八七二）年の太政官布告《だじょうかんふこく》によってです。政府の「廃仏毀釈《はいぶつきしゃく》」政策の一環でした。

しかし、二十一世紀になっても、禁制を解《と》いていない寺社《じしゃ》がわずかながら存在します。また、寺社以外の領域にも、同様の論理が存在することは、先に見た通りです。「伝統」を盾《たて》に、女性への開放を認めていないのです。

大切なのは、伝統の裏に隠《かく》された、いわれのない偏見《へんけん》と向かいあうことなのではないでしょうか。

かつて、年配《ねんぱい》の女性が、ため息まじりに、

「女は穢れていて、業《ごう》が深いからねぇ……」

というのを聞いたことがあります。女性自身の意識にそのような思想が深く染《し》みこんでしまっていることに、とてもせつなくなったものです。

ところで、「女人禁制」といっても、穢れているとして排除されたのは、女性ばかりではありませんでした。一部の男性もその対象《たいしょう》とされたのです。それを考えると、この制度は、より大きな射程《しゃてい》をもつ問題といえましょう。単に女性問題として考慮するだけでは、解決しきれないのです。

人間は人間であるだけで尊い――。

そんな当たり前の思想が、この国ばかりでなく地球全体に完全に根づく日は、まだ少し先かもしれません。しかし、そのことを私たちが自覚し、努力を始める時、変化が起こるはずです。

排除される痛み、苦しみを身をもって知る女性たちこそが、その舵取《かじと》り役にふさわしいのだと、私は思います。

第二章

ともに幸《しあわ》せになるために

一　「奪《うば》う愛」と「与《あた》える愛」

ひと目で誰かに恋してしまったり、何だか気になるなぁと思いながら少しずつ気持ちが高まっていったり、特別に意識していなかったのに突然、友情が恋に変わったり——。

恋の始まりには、さまざまな形があるものですね。

人を好きになると、世界はバラ色で、まぶしいほど輝いてみえます。その人のことを考えたり、姿を目にしただけで、胸が高鳴るでしょう。一緒にすごす時間は、人生でもっともかけがえのないものになるはずです。

ところが、恋したばっかりに、相手を疑ったり、束縛《そくばく》したり、ささいな言葉やしぐさに感情を左右させられたり、傷つけられたりしてしまうことも。

やがて、どちらか一方が冷《さ》めて、愛情の温度差が出てしまうと、力ずくで強引《ごういん》に問題を解決しようとして、悲劇に発展することすらあります。

そのように、男女間の愛情のもつれが原因で発生する事件が後をたちません。ストーカーやドメスティック・バイオレンス（DV）のように、愛情を自己中心的な方法で押しつける人々が増えているように思えます。

行き場を失った愛情が、負《ふ》のエネルギーを帯《お》びた時、「可愛《かわい》さあまって、憎《にく》さ百倍」となって、相手に突進してしまう。その際の感情の噴出《ふんしゅつ》には、恐ろしいほどの破壊力があります。

仏教では、愛を「渇愛《かつあい》」「貪愛《とんあい》」ととらえます。迷いや貪《むさぼ》りを引き起こす根源、人間の本性に根ざした欲望であり、執着《しゅうじゃく》・煩悩《ぼんのう》の一種とするのです。

喉《のど》が渇《かわ》いて水が欲しい状態と同じで、それが得られない葛藤《かっとう》は、たとえようもない苦痛であるというのです。

さらに、愛はさまざまな煩悩《ぼんのう》を生じさせるとされます。

『大般涅槃経《だいはつねはんきょう》』には、

「譬《たと》えば湿地《しっち》の能《よ》く芽《め》を生ずるごとく、愛もまた是《かく》のごとく能く一切業《いっさいごう》の煩悩の芽を生ず（たとえば湿地に草木の芽が生じやすいように、愛をめぐっては、あらゆる煩悩が生じやすいのである）」

とあります。

この「渇愛」にとらわれる感情がエスカレートすると、他者を犠牲《ぎせい》にし、傷つけてまでも、自己の欲望をかなえようとする貪欲、欲望がかなえられない状態を破壊しようとする瞋恚《しんに》とが、心を支配してしまうのです。

仏教では、「愛別離苦《あいべつりく》・怨憎会苦《おんぞうえく》・求不得苦《ぐふとっく》・五陰盛苦《ごおんじょうく》」という「四苦」を説きます。これと、先に述べた「生老病死」の「四苦」を合わせて、「八苦」とします。

その中の「愛別離苦」とは、愛しているのに別れなくてはならない苦しみのことです。これは、会社の転勤で遠距離《えんきょり》恋愛になってしまったなど、比較《ひかく》的《てき》わかりやすい苦しみです。

それに対して、「怨憎会苦」とは、「愛別離苦」の逆で、いやな人と会わざるをえない苦しみです。ストーカーやドメスティック・バイオレンスの被害《ひがい》者《しゃ》の苦しみは、まさにこのことをさすのでしょう。

愛とは、たんなる「バラ色の世界」ではなく、人間のエゴが顕著《けんちょ》に現れる複雑な世界です。愛は両刃《もろは》の剣なのです。

ですから、それを深く理解される釈尊は、

「愛執に取りまかれし人びとは　わなにかかれる兎《うさぎ》のごとく　はい回る　束《そく》縛《ばく》と執着《しゅうじゃく》にとらえられ　久しき間　しばしば苦しみを受く」（『ダンマパダ』）

三四二節）

と述べ、修行者たちに対して、愛にとらわれないためにはそれに近づかないことだ、と忠告しています。

しかし、世俗に生きる私たちは、愛なしに生きていくことはむずかしい。いいえ、むしろ不可能であるとさえいえます。生きている限り、愛を大切にすることは、むしろ人間性の自然な発露《はつろ》ではないでしょうか。

では、どうしたらよいのでしょうか。

仏教では、自分の気持ちを中心にした愛を、相手の幸せを願う愛へと転換《てんかん》すること、つまり、エゴの愛をそのままに、それを縁として、慈悲《じひ》の精神へと転換することを教えています。キリスト教でいえば、前者がエロス、後者がアガペーにあたるでしょうか。

「慈悲」の「慈」とは、真実の友情、純粋な親しさのこと。「悲」とは、哀《あわ》れみ、同情のことです。慈悲をひとことでいえば、「抜苦与楽《ばっくよらく》」となります。「抜苦与楽」について、大乗仏教を確立した竜樹《りゅうじゅ》は、「大慈《だいじ》は一切衆生《いっさいしゅじょう》に楽を与うなり、大悲《だいひ》は一切衆生の苦を抜くなり（大慈とはすべての人々に安楽を与えることであり、大悲とはすべての人々の苦悩を取り去ることである）」（『大智度論』）

と述べています。

このように、慈悲は、相手の立場に立って苦しみに同苦するとともに、苦しみの源泉である煩悩《ぼんのう》と戦い、それを幸福や楽へと転換しゆく実践倫理《じっせんりんり》なのです。エゴイズムとの戦いといい換えることもできるでしょう。

では、渇愛《かつあい》を慈悲へと転換するには、どうしたらいいのでしょうか。それが問題です。

仏教には、煩悩をなくそうとするあまり、自分の肉体をも焼《や》き尽《つ》くすという思想があります。しかし、それでは元も子もありませんし、非現実的な方法です。

煩悩《ぼんのう》を見つめ、コントロールし、慈悲としての愛へ転換していく「私」という主体を確立すること。それこそが、転換への道とされるのです。

日蓮大聖人は、

「煩悩生死《しょうじ》を捨てて別に菩提涅槃《ぼだいねはん》有りと云うは権教権門《ごんきょうごんもん》の心なり、今経の心は煩悩生死を其の儘《まま》置いて菩提涅槃と開く所を破と云うなり（煩悩生死を捨てたところに、別に菩提涅槃があるというのは、権教権門の結論である。しかし、日蓮大聖人の根本は、御本尊を信ずることにより、煩悩を菩提と開き、生死を涅槃と開く、すなわち、煩悩即菩提、生死即涅槃であり、そのことを破といっているのである）」（「御義口伝」七三〇頁）

とされ、また、

「煩悩の薪《たきぎ》を焼いて菩提《ぼだい》の慧火《えか》現前《げんぜん》するなり（煩悩のたきぎを燃やして、悟《さと》りの智慧を現出させるのである）」（「同」七一〇頁）

とも述べられています。煩悩をそのままに、それを同苦の実践、仏道修行によって燃やしきることによって、エネルギーへと変え、悟りを得るというのです。たきぎがあるからこそ、火が燃えるのです。

無理して気持ちを抑《おさ》えることではありません。相手についてよく知り、その立場を理解し、その上で、相手の幸せを第一に考えていこうとする愛――。

エゴではなく、慈悲の精神にもとづく愛は、

「生命の大地に咲き薫《かお》る花……胸中に燃ゆる美しき火……人間賛歌の歌声」

（池田ＳＧＩ会長）なのです。

二　夫婦という関係

最近よく耳にする、「できちゃった婚」。

妊娠《にんしん》してから結婚――という、少し前なら肩身《かたみ》がせまかったことが、今では結婚に至るパターンの一つとして、すっかり定着した観があります。

また、事実婚、契約《けいやく》婚、別居婚、シルバー婚、同性同士の結婚（日本ではまだ認められていませんが）など、結婚の形態も実に多様化しています。

さらに、「非婚時代」といわれるように、結婚をしない人も増えつつあります。かつては、「適齢期《てきれいき》」になれば、結婚して子どもをもうけるのが当たり前。男性も女性も、「結婚をして一人前」といわれたものです。ところが、今や、その考え方はしだいに神通力《じんつうりき》を失いつつあるようです。

その一方で、離婚《りこん》も増加し、「成田《なりた》離婚」などという、海外への新婚旅行から帰ってきてそのまま空港で別れて離婚する、若い夫婦の極端なパターンも話題になりました。

さらに増加の一途をたどるのが、「熟年《じゅくねん》離婚」で、夫《おっと》の定年退職を機に妻のほうから切り出すケースが圧倒的に多いとか。長年、家のため家族のためにと我慢《がまん》してきた妻《つま》たちが、第二の人生を自分だけのために生きたいと反旗《はんき》をひるがえした結果ともいえるでしょう。

「結婚――いかなる羅針盤《らしんばん》も、かつて航路を発見したことがない荒海」（ハイネ）との言葉をまつまでもなく、生まれた環境も育った経緯《けいい》も違う他人同士が、生活をともにし、子どもを生み育て、一つの家庭をつくるというのは、並大抵《なみたいてい》なことではありません。

結婚生活には、強い決意と絶え間ない努力が必要とされるのはたしかでしょう。

結婚の形態は、時代・地域によってさまざまですが、夫婦の関係というものには共通性も多いようです。

仏典や日蓮大聖人は、夫婦についてどのように説かれているでしょうか。まず、『シンガーラへの教え』には、妻《つま》と夫《おっと》に対する五か条ずつのアドバイスが記されています（三〇節）

妻については、次のような仕方で夫を慈《いつく》しむように、とあります。

「（一）仕事をよく処理し、（二）眷属《けんぞく》をよく待遇《たいぐう》し、（三）道を踏《ふ》みはずすことなく、（四）集められた財産を守る、（五）あらゆる仕事に巧《たく》みで勤勉《きんべん》である」

の五か条です。いかがですか？（二）は、親戚や仲間うちの人々をよく待遇すること、(三)は、不倫《ふりん》をしないということを含みます。

また、夫については、次のような仕方で妻に奉仕《ほうし》しなければならないとしています。

「(一)敬意を払うこと、(二)軽蔑《けいべつ》しないこと、(三)道を踏《ふ》みはずさないこと、(四)権威《けんい》を与えること、(五)装飾品《そうしょくひん》を与えること」です。最後の項目には、思わず苦笑《にがわら》い。女性はいつの世でも装飾品が好き?

中村元《はじめ》博士によれば、これには、貯蓄の意味もあるそうです。(四)は、食物に関することなどで、妻の好きなようにさせることだそうです。

二千年以上も前の夫婦像ですが、今でも通じる点が多いと思われませんか? いちがいに現代と比較することはできませんが、興味深い教えです。

次に、日蓮大聖人の夫婦観をひもといてみましょう。

当時の女性にとって、結婚して夫と子どもをもつことが、一般的なライフサイクルでした。夫がいなければ、経済的にも社会的にも生きにくい時代だったのです。そうした状況を反映して、夫に頼る女性、夫中心に生きる女性の姿が描かれることがありますが、そこには別の視点も見られます。

たとえば、乙御前《おとごぜん》の母へのお手紙がそれです。彼女は、乙御前が小さいころに夫と別れ（死別か離別《りべつ》かは不明）、女手一つで子どもを育てながら、信仰を貫《つらぬ》いた人です。

彼女に対して、大聖人は、

「女人《にょにん》は夫を魂《たましい》とす・夫なければ女人魂なし（女人は夫を魂とする。夫がいなければ女人の魂はないのと同じである）」（「乙御前御消息」一二一九頁）

と述べられた後、

「魂もなくして世を渡らせ給うが・魂ある女人にもすぐ《勝》れて心中かひがひしくおはする上・神にも心を入れ仏をもあが《崇》めさせ給へば人に勝れておはする

女人なり〈魂とたのむ夫もなくて世をわたられているあなたが、夫のある女人にもすぐれて心中かいがいしくておいでになるうえ、神をも信じ、仏をも尊ばれておられるので、人よりもすぐれた女人である〉」（同）

と、夫がいない境遇で信仰を貫《つらぬ》く彼女を称賛されています。

また、夫婦は一心同体のパートナーであるとの指摘もあります。たとえば、「をとこ《男》ははしら《柱》のごとし女はなかわ《桁》のごとし、をとこは足のごとし・女人は身のごとし、をとこは羽のごとし・女はみ《身》のごとし、羽とみと・べちべちに・なりなば・なにを・もつてか・とぶべき、はしら《柱》たう《倒》れなばなかわ《桁》は地に堕ちなん〈男は柱のようなものであり、女は桁《なかわ》〈柱の上に渡して屋根を支える材木〉のようなものである。男は足のようなものであり、女は身のようなものである。羽と身とが別々になったらどうして飛ぶことができようか。柱が倒れたならば、桁は地に落ちてしまう〉」（「千日尼御返事」一三二〇頁）

と。また、

「女房にも此の由《よし》を云ひふくめて日月・両眼・さう《隻》のつばさ《翼》と調《ととの》ひ給へ、日月あらば冥途《めいど》あるべきや両眼あらば三仏の顔貌《げんみょう》拝見疑なし、さうのつばさあらば寂光《じゃっこう》の宝刹《ほうせつ》へ飛ばん事・須臾《しゅゆ》刹那なるべし（夫人にもこのことをいいふくめて、日月、両眼、双の翼のように、ふたりがしっかり力をあわせていきなさい。日月がともにあるならば、冥途《めいど》の闇のあるはずはない。両眼があれば、釈迦、多宝、十方分身の三仏の御顔を拝見できることは疑いない。双の翼があれば、寂光《じゃっこう》の宝刹へ飛ぶこともほんの一瞬である）」（「四条金吾殿御返事」一一一八頁）

と。夫婦のどちらが上とか下とかではなくて、助けあい、補《おぎな》いあうことが大切であるとのご指南です。

また、興味深いことに、妻が信仰者として毅然《きぜん》と夫をいさめていきなさいとのご指導もあります。たとえば、池上宗仲・宗長兄弟の妻たちに対して、

「此の法門のゆへには設《たと》ひ夫《おとこ》に害せらるるとも悔《く》ゆる事なかれ、一同して夫《おっと》の心をいさめば竜女《りゅうにょ》が跡《あと》をつぎ末代《まつだい》悪世の女人の成仏《じょうぶつ》の手本と成り給うべし（この法門のためには、たとえ夫から殺害されるようなことがあっても後悔してはなりません。夫人たちが力をあわせて夫の信心をいさめるならば、竜女の跡をつぎ、末法悪世の女人成仏の手本となるでしょう）」（「兄弟抄」一〇八八頁）

と述べられているのです

さらに、妻が夫に信仰を勧《すす》めた例をあげ、そのように生きるよう激励されているお手紙もあります。

「妙荘厳王品《みょうしょうごんのうほん》と申すは殊《こと》に女人《にょにん》の御ために用る事なり、妻が夫をすすめたる品なり、末代に及びても女房の男をすすめんは名こそかわりたりとも功徳《くどく》は但浄徳夫人《ただじょうとくぶにん》のごとし（妙荘厳王品というのは、とくに女性のために大切な経であり、妻が夫を勧めた経である。末法においても、妻が夫を勧める功徳は、名は変わっても浄徳夫人と同じである）」（「日女御前御返事」一二四九頁）と。夫婦であっても、いや夫婦であるからこそ、互いが自立して、毅然《きぜん》と信念の道を歩《あゆ》みゆくことの重要性を示されているのです。

池田SGI会長も折《おり》にふれて夫婦の関係について述べられています。

「結婚生活とは、ひとりの男性の奏《かな》でる旋律《せんりつ》と、ひとりの女性の奏でる旋律との交響楽であり、その和音《わおん》を豊かなものにするために、絶えざる人間対人間の誠実な心の交流があるべきではないだろうか」

また、

「よき妻とは、夫にとってよきパートナーでなくてはならないのではないだろうか。夫と妻との相互の『人格』が美しい和音を奏《かな》でていくのが、家庭の理想というものであろう」

と。

さらに、夫婦円満の秘訣《ひけつ》についても、次のように示されています。

「男性は理想の女性を求める。女性も自分にうってつけの理想的な男性を求める。しかし、この求める両者にあるものは『自分は完璧《かんぺき》である』と思い込んでいる意識である。昨今《さっこん》とみに増えている悲しい離婚劇も、結局はそうした自分の未熟《みじゅく》さをタナにあげた反動のあらわれではないだろうか。お互いに未完成なのだ。だからお互いに長所も短所も理解し合おうという姿勢《しせい》であっていただきたいと思う」と。

うなずけることが多いですね。

相手を自分の思い通りに変えようとしてもムダというもの。もし、自分がそうされたら、きっと抵抗《ていこう》するでしょう。互いの生き方、価値観を理解し、尊重し、寄り添うことが、よい関係を長つづきさせるコツでしょう。

ともあれ、わざわざ他人が一緒になって、貴重な人生をともに旅していくのですから、二人だからこそできる自己実現、社会貢献《こうけん》をしていきたいものです。一プラス一が、二ではなく、五にも十にもなるような結婚であれば、大成功といえるのではないでしょうか。

三　親子となる縁《えにし》

一つの新しい生命の誕生《たんじょう》――、それは、男性の精子《せいし》と女性の卵子《らんし》が受精《じゅせい》することから始まります。その生命の芽生《めば》えは、およそ十か月もの時間をかけて、母親の胎内《たいない》でゆっくりと成長するのです。

生殖《せいしょく》と受胎《じゅたい》のしくみについては、ほぼ医学的に解明されています。しかし、それでも、生命の誕生には、ある種の神秘性《しんぴせい》を感じずにはいられません。

たとえ、人工授精《じゅせい》や代理母などの科学によるサポートや、計画出産・避妊《ひにん》というコントロール方法が広がっていて、自然な形での妊娠《にんしん》や分娩《ぶんべん》がむしろ珍しくなっていてもです。

ちなみに、そのサポートがビジネスとして世界的マーケットを形成していることには、充分な注意が必要です。たとえば、アメリカの精子バンクでは、有名スポーツ選手やノーベル賞受賞者の精子に人気が集まり、高額で取引されている現状があります。

かつては、赤ちゃんはコウノトリが運んでくるとか、キャベツ畑で生まれる、というような牧歌的《ぼっかてき》な物語がありましたね。日本の昔話《むかしばなし》でも、川から流れてきたり、竹の中から出てきたりして。それを見つけたおじいさん、おばあさんの子どもとして、大切に育てられたりしました。

そのような物語の中には、子どもが「授《さず》かるもの」であるという、感謝の意識が感じられます。たとえ医学的知識がなかったためだとしても、「偶然《ぐうぜん》、子どもを見つける」という背景《はいけい》には、人間の力だけによるのではなく、第三の「何ものか」の力によって、生命はこの世に現れるのだという、謙虚《けんきょ》な姿《し》勢《せい》もかいま見られるのです。

ところで、アフリカには、子どもは自分で家を選んで生まれてくる、という考え方をもつ部族がいるそうです。子どもが多いことは、その家族が幸福である証《あかし》とされ、喜ばれるのだとか。とても豊《ゆた》かな考え方ではないかしら、と私は思うのです。

地球上だけにかぎっても、六十億の人間の中から二人を親として選んで生まれてくる――。なんとドラマティックで不思議なできごとでしょうか。

仏教でも、子どもをもつことはけっして偶然ではなく、縁あってのことであると説いています。

日蓮大聖人は、

「父母となり其の子となるも必ず宿習《しゅくじゅう》なり（人の父母となり、またその子どもとなるのも、必ず宿習によるのである）」（「寂日房御書」九〇二頁）

とされています。また、

「心地観経《しんじかんぎょう》に云く『有情輪回《うじょうりんね》して六道に生ずること猶《なお》車輪の始終無きが如く或は父母と為り男女と為り生生世世互いに恩有り（心地観経には、有情が輪廻して六道に生ずることは、ちょうど車輪に始めと終りがないようなもので、ある時には父母となり、ある時には男女となり、生々世々に互いに恩があるのである』）」（「女人成仏抄」四七一頁）

と教示され、親子の縁の深さを示されています。

さて、子どもが生まれた瞬間から、両親にとって育児という奮闘の日々が始まります。授乳《じゅにゅう》やおしめの交換、入浴。病気の際には医者に連れていく。

次は、幼稚園《ようちえん》や保育園《ほいくえん》への送り迎えに、毎日の食事や洗濯《せんたく》、掃除《そうじ》。就学《しゅうがく》したら学費の工面《くめん》――。

肉体的・精神的・金銭的に保護しながら、彼らが独立するまで二十年近く、子育てはつづきます。

「おなかが空《す》いた」という子どもに、タダで食べさせてくれるのは、親なればこそです。いくら親に扶養《ふよう》義務があるとしても、義務感だけで人はここまで尽くせるでしょうか。子どもに対する無条件の愛、そして慈《いつく》しむ心があってこそ、できることではないでしょうか。

日蓮大聖人は、出産から育児にいたる父母の苦労をしのばれ、その恩に報いるべきことを教えられています。

「母の胎内《たいない》に宿《やど》る事・二百七十日・九月《くかつき》の間・三十七度死《しぬ》るほどの苦みあり、生落《うみおと》す時たへ《堪》がたしと思ひ念ずる息《いき》・頂《うなじ》より出づる煙り梵天《ぼんてん》に至る、さて生落されて乳をのむ事一白八十余石・三年が間は父母の膝に遊び人となりて仏教を信ずれば先づ此の父と母との恩を報ずべし（母の胎内に宿ること二百七十日、〔母は〕九か月の間、三十七回、死ぬほどの苦しみがある。生み落とす時〔の苦痛〕はとても堪えがたいと思うほどで、息は荒く、いただきから出る湯気《ゆげ》は梵天にまでとどくほどである。そして、産み落とされて飲む乳は百八十余石、三年の間は父母の膝下《しっか》に遊ぶのである。成人して仏教を信ずるようになれば、まずこの父と母との恩を報ずべきである）」（「上野殿御消息」一五二七頁）。

そして、

「父の恩の高き事・須弥山《しゅみせん》猶《なお》ひきし・母の恩の深き事大海還《かえ》つて浅し、相構えて父母の恩を報ずべし（父の恩の高いことは須弥山さえもなお低いほどであり、母の恩の深いことは大海もかえって浅いほどである。心して父母の恩を報ずべきである）」（同頁）

とも語られています。

ところが、おうおうにして、「親の心子知らず」が世の習《なら》いです。

日蓮大聖人も、

「仏の云く父母は常に子を念《おも》へども子は父母を念はず（仏は、『父母はつねに子どものことをおもっているが、子どもは父母のことをおもわない』といわれている）」（「刑部左衛門尉女房御返事」一三九九頁）

と指摘されています。

誰もが、その指摘には痛いところをつかれた、という感じではないでしょうか。私たちは、ついつい親に対して傲慢《ごうまん》に振る舞ってしまうのです。それは、古今東西《ここんとうざい》変わらぬ、親不孝なのですね。

「親をも愛せない人間が、他人を愛せようか」――。

戸田城聖創価学会第二代会長の言葉です。

もう一度、人間関係の原点ともいうべき親子関係に立ち返り、人間としての報恩の道をきちんと実践していくことが、ますます大切になってくるに違いありません。

四　鬼子母神《きしもじん》が教えてくれること

最近、若い夫婦の離婚《りこん》原因の一つに、夫《おっと》がマザコンだったから、というのがあります。

母親に可愛がられすぎたあまり、成人しても母離れできない夫が、妻《つま》よりも母を優先し、夫婦のことをいちいち相談したり、母と行動をともにしたり。新婚旅行に母がついてきたという例までありました。

これでは、妻《つま》はたまらないでしょう。せっかく独立して家庭をもったのに、まったく意味がないですね。妻と義母という女同士が、夫《おっと》・息子《むすこ》というひとりの男をはさんでいがみあう姿が目に浮かびます。

それに対し、「ファザコン妻」というのは、あまり聞きません。そこには、育児《いくじ》がおおむね女性の仕事である状況が反映《はんえい》されているのでしょう。

ところで、このような歪《ゆが》みはどこから生まれるのでしょうか？

この母親とても、子どもが憎《にく》くてそのように育てたわけではありません。問題は、愛情のかけちがいにあるのです。植木に水をやりすぎて根腐《ねぐさ》れさせてしまうように、過剰《かじょう》な愛情を注ぎすぎて、子どもの外部とのコミュニケーションの根を脆弱《ぜいじゃく》にしてしまったのです。

「母原病《ぼげんびょう》」という言葉が流行したこともありました。盲目的な母親の愛は、子どもをスポイルしてしまうことがあるのです。

仏典《ぶってん》にみられる母親像の一つに、有名な鬼子母神《きしもじん》があります。現在でも、日本各地に鬼子母神信仰がみられます。

仏典によると、鬼神般闍迦《はんじゃか》の妻である鬼子母には、一万人の子（五百人、千人という説もある）がいました。彼女は、はじめ邪悪《じゃあく》で、他人の幼児を奪っては食べていたのです。

それを見た仏は、これを戒《いまし》めるため、鬼子母の子どものひとりを隠します。すると、鬼子母は半狂乱になって嘆き悲しみ、仏に子どもの居場所をたずねます。そこで仏は、子を失う悲しみは、鬼子母が食べた子の母の悲しみであるとして、鬼子母を責め、いさめられたのです。

それを聞いた鬼子母は、改心して仏に帰依《きえ》し、善神となり、鬼子母神としてあがめられるようになったといいます。現在では、子授け・安産・子育ての神として奉られ、信仰されています。

改心する前の鬼子母は、わが子だけを可愛がる、盲目的《もうもくてき》な愛にとらわれた母の典型的《てんけいてき》な姿です。それが、仏によって、その愛を他の子どもへの愛、さらにすべての子どもへの愛へと開くことができ、盲目的な愛から脱皮《だっぴ》できたのです。

池田SGI会長は、

「現代には鬼子母神的生命の母親を見かけるが、狭量《きょうりょう》な愛情は子どもにとってけっしてプラスにはならない。わが子の自慢話《じまんばなし》に興《きょう》ずる母親は、私のもっとも嫌《きら》いなタイプの母親像である。これを否定《ひてい》したのが、鬼子母神の逸話《いつわ》である」

と述べられています。

子どもの成長は、周囲の人間関係によって大きく影響されます。近隣・友人・教師など、多くの大人《おとな》や同世代の子どもとの交流の中で、やはりもっとも強い影響をもつのは、家庭にほかなりません。

とくに、学校に通《かよ》うまで子どもがもっとも多くすごすのは家庭であり、もっとも濃密《のうみつ》に接触するのは親、なかんずく母親なのです。

「三つ子の魂《たましい》百まで」ということわざもありますね。統計的に証明されたわけではありませんが、幼《おさな》いころに形成されたものが人格の基礎《きそ》をつくるであろうことに、疑いをはさむことはできません。

ＳＧＩ会長は、

「知識と技術の学校はある。だが人間としての正しい生き方を身につけさせる至高《しこう》の学舎《まなびや》は、家庭をおいてほかにはない」

と指摘されています。

ところで、近年、児童虐待《ぎゃくたい》が大きな社会問題になっています。両親のどちらか、もしくはその両方が、子どもに肉体的・精神的危害《きがい》を与える、もしくは養育を拒否《きょひ》するもので、その加害者の多くは、十代から二十代前半の若い夫婦だといいます。

彼ら自身が、精神的・社会的に未熟《みじゅく》で、子どもを生み育てる家庭づくりの意識とノウハウがないことが原因です。その背景《はいけい》として、核《かく》家族化した家庭での、母親だけによる孤立《こりつ》した育児があげられるでしょう。

近所に手助けしてくれる肉親も友人もなく、家の中で子どもと一対一で向かいあわざるをえない状況で、育児ストレスに追いつめられてしまうのです。

その解決法の一つに、父親の育児参加があげられるでしょう。

現在、厚生労働省の音頭取《おんどと》りで、育児への父親参加を後押しする施策《しさく》が行われつつあります。一部の企業《きぎょう》では、父親の育児休業を奨励《しょうれい》する動きも出ています。しかし、実際に取得《しゅとく》した人は、まだごくわずかのようです。

その点で一歩先んじているノルウェーでは、父親は必ず四週間の育児休暇《きゅうか》をとらなくてはならないという制度（パパ・クォータ制）があります。その休暇は、週のうち何日とか、一日のうち何時間とか、分けて取れることになっており、仕事の連続性を保ちやすくなっています。

はじめは「なぜ子どものために仕事を休まなくてはならないのか」と抵抗《ていこう》を感じていた父親たちも、実際に休みをとり、子どもと一緒に時間をすごしてみると、子どもとの関係がよくなっただけでなく、仕事にもよい影響を生むことに気づいたそうです。たとえば、自分が作っている製品が、子どもにとってもよい製品かどうかを考えるようになったというような点です。

近年、育児は、両親や家族の枠《わく》にとどまらず、地域を含めた社会全体のものであるという、「開かれた育児」という発想が注目されています。

少子化・核《かく》家族化の中で、家族のもつ育児機能が弱まっている現在、経済的な面だけでなく、精神的にも、社会全体で育児を担《にな》うという考え方は、新しい方向性を示しているように思えます。

これが実現するためには、「母性《ぼせい》」だけでなく、「母性」に代わる社会全体の理解と共感による「育児性」（大日向雅美）という考え方や、「次世代育成力」（原ひろ子）、「育児の共同性」（金井淑子）といった理念が、ますます重要になってくるでしょう。

子どもは、全人類にとっての「未来の宝」です。

私たちひとりひとりが、改心後の鬼子母神が見せたような「普遍的《ふへんてき》な愛」をもって、子どもたちに最高の教育と生活の場を提供《ていきょう》していきたいものです。

五 「真の友」とは?

「あなたは、真の友だ」

そういわれて、驚いたことがあります。数年前、八月にインドを訪問した時のことでした。一年中でいちばん暑《あつ》い時にわざわざ来てくれた、だから真の友だ、というのです。たしかに、デリーは想像を絶する暑さでした。大変な時期に訪《たず》ねたという具体的な行動が、相手の心に強く訴《うった》えたのでしょう。友情についてあらためて考えさせられた、思いがけない言葉でした。それは、あの時のデリーの日ざしと同じくらい、強烈な印象《いんしょう》となって残っています。

ところで、新聞の「身の上相談」欄《らん》に目を通すことがありますでしょうか？

そこに寄せられる相談には、人間関係の悩みが実に多いことに気がつかれますか？

「友人ができない」

「人と話をするのがこわい」

「仲間はずれにされているようだ」

などなど。最近では、

「携帯電話《けいたい》にあまりかかってこないのは、皆に嫌《きら》われているからではないのか」

という相談もありました。

人間はひとりでは生きられません。たとえひとりで生きたくても、現代社会の中で、人との関《かか》わりあいを完全に避《さ》けて生活することは不可能です。ですから、人間関係の軋轢《あつれき》は大なり小なり生まれてしまいます。

仏典では、『シンガーラへの教え』の中で、友人について次のように教えています。

「次の四種は敵であって、友に似《に》たものにすぎない、と知るべきである。すなわち、何ものでも取って行く人・言葉だけの人・甘言《かんげん》を語る人・放蕩《ほうとう》の仲間は敵であって、友に似たものにすぎない、と知るべきである」（一五節）

と。他方、

「これらの四種類の友人は親友であると知るべきである。すなわち、助けてくれる人・苦しい時も楽しい時も一様《いちよう》に友である人・ためを思って話してくれる友・同情してくれる友、は親友と知るべきである」（二一節）

と。

さあ、あなたの周囲の人たちはいかがですか？　あなたが友人だと思っている人は、どうでしょうか？　そして、あなた自身は、友人たちからどのような存在だと思われているでしょうか？　親友とみなされている、といい切れるでしょうか？

仏教は、友人づくりと友情の持続について、よいヒントを与えてくれています。その一つが「四摂事《ししょうじ》」の考え方です。

これは、菩薩《ぼさつ》が衆生《しゅじょう》に親愛の心を起こさせ、信頼させて、仏道に引き入れるための四種類の行為《こうい》ですが、友人関係になぞらえると興味深いものです。

菩薩は、人生の目標として四つの誓いを立てます（四弘誓願《しぐせいがん》）。その第一が「衆生無辺誓願度《しゅじょうむへんせいがんど》」、すなわち、すべての人の友として、人々の苦悩に生涯、関わりつづけたいとの誓いです。

そして、そのための具体的な実践の方途《ほうと》を示したのが、四摂事です。すなわち、施《ほどこ》し与えること（布施《ふせ》）、親愛の言葉を語ること（愛語《あいご》）、この世で人のために尽くすこと（利行《りぎょう》）、あれこれの事がらについて適当に協同すること（同事《どうじ》）です。

第一に、布施とは、財《ざい》を望む人には財を、法を望む人には法を施《ほどこ》すことです。友は今、何を必要としているのか、自分がその立場だったら、何をしてもらえればうれしいのだろうか、それらに思いをめぐらせ、できるかぎりのことをしていくことです。

たとえ、それがささやかなことであっても、友を思いやる気持ちから生まれた心づかいであれば、必ず相手の心に届くにちがいありません。

第二に、愛語とは、親愛にあふれたやさしい言葉で人に接することです。誠実さと真心、ユーモアと明るさに満ちた言葉をかけていけば、かたくなな人の心の扉《とびら》も開くはずです。どうせ話したってムダ、などといわずに、一歩踏み出してみましょう。

一方的に話すだけでなく、相手の話を聞くことも大事です。むしろその方が大事な場合もあります。相手の話を聞くという行為は、その人の思いを理解したい、その人を信頼したいという思いがなければできないからです。言葉のキャッチボールは、心のキャッチボールなのです。

第三に、利行《りぎょう》とは、相手の利益になる行いをすることです。その人のために自分は何ができるのか、智慧を発揮し、身口意《しんくい》の三業《ごう》を総動員して、慈愛《じあい》の心で相手に尽くすこと。

「また生まれることができるなら、今度は人に尽くす人生を送りたい」といった人がいます。尽くす相手がいることは、幸せなことです。相手の利益は、自分にとっても喜びとなり、百人の友がいれば、喜びも百倍になるのですから。

第四に、同事《どうじ》とは、相手と一緒になって行動することです。仕事であれ遊びであれ、行動をともにする中で、気心が知れ、共感《きょうかん》と信頼感が生まれていきます。

口先だけの人は信用されません。人の輪のただ中で、苦楽をともにすることによって、絆《きずな》が深まっていくのです。とりわけ、苦労をともにした友は「一生の宝」ですよね。

よく、女性同士の友情は長つづきしないといわれます。結婚や子育てで環境が変わると、会うのがむずかしくなることにもよるでしょう。

でも、ともに行動する中で培《つちか》った友情は、会う時期が途切《とぎ》れても、生涯つづくものです。何といっても、夫《おっと》や子どもよりも長いつきあいなのですから。子どもの手が離れた時、あるいは夫に先立《さきだ》たれた時など、若き日に培った女性同士の友情がものをいうことでしょう。

以上、四摂事をあげましたが、人の反応を恐れて黙然《もくねん》と座しているだけの人のところに、友人が都合《つごう》よく飛び込んでくることなどありえません。友がほしければ、縁《えん》ある人々に積極的に会いにいき、声をかけ、ともに行動してみましょう。その中で友情は生まれ、深まっていくものなのです。

だからといって、肩に力をいれて緊張《きんちょう》しないでくださいね。心のままに、気軽に言葉を交《か》わせばいいのです。人それぞれに違うため、思いがけない反応に出くわすかもしれません。でも、違うからこそ、面白い。傷ついたり、裏切《うらぎ》られたりすることを恐れず、チャレンジしてみることです。

万一、裏切られたと感じることがあっても、自分がその友に対して誠実であればよいのです。

池田SGI会長は、

「人間関係を豊《ゆた》かにしていく上で、もっとも大切なことは何か。『誠実《せいじつ》』である。結局、『誠実』しかない。『誠実』は強い。最高の武器である。最後は、『誠実』な人が信頼され、勝利する」

と指摘されています。

ある有名なエピソードがあります。

ＳＧＩ会長が中国を初訪問した折《おり》、ひとりの少女がたずねました。

「おじちゃんは、何をしに来たの？」

会長は答えました。

「あなたに会いに来たんです！」

ＳＧＩ会長は、長年にわたる世界の平和旅の中で、無数の「人間の橋」、「心を結ぶ橋」を架《か》けてこられました。

多様性と複雑性を増す現代社会にあって、人と人との絆《きずな》こそすべての原点であり、かけがえのない人生の宝なのだということを、身をもって示してくださっているのです。

私たちは、この世に、心通いあう友に会うために生まれてきたのかもしれませんね。

六　心のこもった対話

皆さんは、ケータイ（携帯電話《けいたい》）をお持ちですか？

通話するだけでなく、メールという文字通信は当然のことながら、最近ではカメラ付きが人気のようで、言葉だけでなく映像《えいぞう》のやりとりも可能になっています。

街《まち》や電車の中で、ケータイでの通話やメールを打つ姿が、非常に目につきますね。若い人はもちろんですが、中高年の方から小学生くらいの子どもまで、年齢層は実に広いのです。

他者とコミュニケーションをとりたい、いつもつながっていたい、という人間の欲求の強さを、しみじみと感じさせる光景です。

しかし、その一方で、直接人と対話ができず、深刻《しんこく》な話を避けてしまう傾《けい》向《こう》がある人々が増えている、というのです。

電波《でんぱ》で気軽に情報をやりとりできるゆえに、生身の人間と言葉によるコミュニケーションをとる機会が減ってきている。その反動で、不安によって生じた心の隙間《すきま》を埋めるために、さらに、メールや電話で希薄《きはく》な会話を重ねるのかもしれません。

現代人は、他者とのつきあいに、わずらわしさと同時に、恐ろしさを感じるようです。対話の場に身をさらすことを避《さ》ける傾向があるのです。

友情や信頼を求めたい。でも拒否《きょひ》されて、それによって自分が傷つくことが怖くて、話しかけることができないのですね。そのようなことを経験する場が、少なくなっているせいでもあります。

ところで、仏典《ぶってん》は、釈尊《しゃくそん》が自分から声をかける人であったことを伝えています。釈尊は、

「『さあ来なさい』『よく来たね』と語る人であり、親しみある言葉を語り、喜びをもって接し、しかめ面をしないで、顔色はればれとし、自分のほうから先に話しかける人」

であったというのです。

また「言葉を自在《じざい》に使う人」であったとも伝えています。

仏の三十二相の中に「梵音聲相《ぼんのんじょうそう》」がありますが、これは、音声が遠くまで明瞭《めいりょう》に達し、しかも清浄で、聞く人を喜ばせるような声ということです。釈尊は、朗々《ろうろう》とさわやかな声で、自《みずか》らの悟《さと》りを語ったのでしょう。

人が教えを乞《こ》いにくるのを待つのではなく、あえて自ら最初に心を開き、他者と関《かか》わろうとするところに、釈尊の偉大さがあります。自己の悟りを

人々に伝えようと決意した初転法輪《しょてんぽうりん》の時から、入滅《にゅうめつ》に至るまで、「語りかけること」こそ釈尊の行動の眼目《がんもく》でした。

そうすることで、人々の心の扉《とびら》を開き、言葉を交《か》わしながら、相手の中にひそむ無限のエネルギーを湧き立たせたのです。その奥底《おうてい》には、関《かか》わった人をひとり残らず幸《しあわ》せにしたいという、深い祈《いの》りがありました。

ケータイやインターネットの普及《ふきゅう》によって、コミュニケーションの方法は多様になりました。今後ますます、その傾向は強まるに違いありません。それによって、身体機能《きのう》にハンディのある人や、不自由になった高齢者を含めて、意思疎通《そつう》の可能性があらゆる人に大きく開かれたといえます。便利《べんり》なものは大いに活用すべきでしょう。

しかし、あくまで大切なのは、それらを使って何を語るのか、どのような思いを伝えようとするのか、ではないかと思います。

釈尊《しゃくそん》の十大弟子《でし》のひとりに、「説法《せっぽう》第一」「弁舌《べんぜつ》第一」といわれた富楼那《ふるな》がいます。彼は、話が上手《じょうず》で弁舌《べんぜつ》さわやかというのではなく、むしろとつとつと語る人だったといいます。弘教《ぐきょう》への燃えるような情熱と確信に満ちた、誠実・真心の人でした。雄弁《ゆうべん》ではなく真心が、人々を感動させたのです。

言葉というものは、むずかしい。選び方一つで、相手に誤解《ごかい》を与えたり、傷つけたりしてしまいます。その反対に、たった一言でも、喜びや自信を与えることもできます。

たとえ美辞麗句《びじれいく》を並べ、言葉を飾り立てたとしても、心がともなわなければ、相手の心には響きません。逆に、ありふれた言葉であっても、相手を思いやる深い一念から出たものであれば、生涯にわたるくさびとなることもあるのです。

日蓮大聖人も、

「言《ことば》と云うは心の思いを響《ひび》かして声を顕《あらわ》すを云うなり（言葉というのは、心の思いを響かせて声に表したものをいうのである）」（『三世諸仏総勘文教相廃立』五六三頁）

と指摘《してき》されています。

最終的に言葉から伝わるのは、「心」なのです。

たとえ、思わぬ誤解《ごかい》を与えてしまっても、それは、あなたの「心」が誤解されたのではないのです。ですから、恐れたり、変に背伸《せの》びをしてカッコつけたりしないでください。ありのままの自分の言葉で、話しかけてみてください。

それこそが、他者の心の扉を開くカギであり、あなたにとっても相手にとっても、ワクワクするような未知の世界への始まりでもあるのですから。

七 「師弟《してい》の道」

皆さんは、何か習《なら》いごとをしたことがありますか？　そろばんや書道・ピアノなどの文化系から、柔道《じゅうどう》やテニス・サッカーなどのスポーツ系まで。一つくらいは、経験があるのではないでしょうか？　学校で勉強を「習う」ことも、習いごとには違いないですね。

では、そこで、どのような先生に出会えましたか？

そして、その先生は、あなたにとってどのような存在でしたか？

先生の力というのは、恐ろしいほど強力です。もし、その先生が一流の人物であれば、生徒の才能《さいのう》を最高に引き出し、一流に育て上げてくれるでしょうが、二流、三流であれば、せっかく才能をもっている生徒の芽《め》を摘《つ》んでしまいかねません。

どのような人を先生とすることができるか、それは、大きな問題ですね。そして、実はそのような「師弟《してい》」の関係は、習いごとの場合だけではなく、人生全般に当てはめることができるのです。

「師弟」なんて、古臭《ふるくさ》い、時代遅れのものだと思われるかもしれません。しかし、私はそれが、現代人にとって大切なカギなのではないかと思うのです。

今、私たちの生きる時代は、多くの問題を抱《かか》えています。その原因の一つは、人間関係の崩壊《ほうかい》でしょう。家庭・学校・社会において、子どもばかりか大人までが、成熟《せいじゅく》した、深い関係を結べずにいます。

だからこそ、「師弟」という関係が見直される必要があるのです。人間は人間によって磨《みが》かれ、その可能性を引き出されるものですが、その最たるものが師弟関係なのです。

『池田大作――師弟の精神の勝利』（鳳書院《おおとり》、二〇〇〇年）を著した、インドのN・ラダクリシュナン博士は、「二十一世紀の精神性をリードするのが師弟の道」と指摘しています。

では、その師弟関係は、どのようにして見つけることができるのでしょうか。

日蓮大聖人は、

「まことに宿縁《しゅくえん》のをふところ予が弟子《でし》となり給う（あなたはまことに深い宿縁によって、日蓮の弟子となられたのである）」（「諸法実相抄」一三六二頁）

と、師匠《ししょう》となり、弟子となるのは、宿縁によるのだと教示されています。

また、

「過去の宿縁追い来つて今度日蓮が弟子と成り給うか・釈迦多宝《しゃかたほう》こそ御存知候らめ、『在在諸仏土常与師倶生《ざいざいしょぶつどじょうよしぐしょう》』よも虚事《そらごと》候はじ（過去の宿縁から今世で日蓮の弟子となられたのであろうか。釈迦多宝の二仏こそご存知と思われる。化城《けじょう》喩品《ゆほん》の「在在《いたるところ》の諸仏の土に、常《つね》に師と倶《とも》に生ず」の経文は、よもやそらごととは思われない）」（「生死一大事血脈抄」一三三八頁）

と、縁ある弟子は、何度生まれ変わっても、つねに師匠とともに生まれあわせることができるとされています。

ところが、いくら立派《りっぱ》な師匠がいたとしても、残念ながら弟子がそれを理解できない場合もあります。

釈尊は、

「愚かな者は生涯賢者《けんじゃ》につかえても、真理を学ぶことがない。匙《さじ》が汁の味を知ることができないように」（『ダンマパダ』六四節）

と述べています。

スプーンは、いくらおいしいスープの中にひたされても、自らその味を知ることはできません。それと同じで、いくら偉大な人のそばにいても、偉大な思想にふれても、その意味がわからず、何も学ばず、ステンレスの表面のようにはじき飛ばしてしまうだけの弟子もいるのです。

同じ場、同じ歴史をへても、そこから何を血肉として身につけるかは弟子の境涯による、という厳しい事実なのです。

日蓮大聖人は、

「だんな《檀那》と師とをもひあわぬいのり《祈》は水の上に火をたく《焚》がごとし（弟子と師匠とが心を同じくしない祈りは、水の上で火を焚くようなもので、かなうわけがない）」（「四条金吾殿御返事」一一五一頁）

と述べられています。

そうなってしまうと、

「よき弟子をもつときんば師弟・仏果にいたり・あしき弟子をたくはひぬれ

ば師弟・地獄《じごく》にをつといへり、師弟相違せばなに事も成《なす》べからず（よい弟子をもてば、師弟はともに成仏し、悪い弟子を養えば、師弟ともに地獄に堕ちるといわれている。師匠と弟子の心が違えば、何ごとも成就することはできない）」

（「華果成就御書」九〇〇頁）

ということになってしまうのです。師匠の歯がゆさは、いかばかりでしょうか。

弟子は、師のたった一言でも真剣に受け止め、すべて実行しようと決意し、一つ残らず実行するのです。そして、そのような姿勢《しせい》の弟子があって、はじめて、師はその教えを伝え残すことができるのです。

自《みずか》ら師匠に仕《つか》えきり、師匠の構想をすべて実現されたSGI会長は、「人生にとって最大の幸福は、生涯の師をもつことであろう」

と述べられています。また、

「人生には『師』が必要である。人間だけが『師』をもつことができる。師《し》弟《てい》の道によってこそ、人間は人間としての最高の宝を学べるのである」

「『本物の道』が一つあれば、人生に迷うことはない。それが『師弟の道』である。師匠《ししょう》の道を歩《あゆ》み、師匠の道を広げながら、そこにさまざまな花を咲かせ、実を結ばせていく。それが弟子《でし》の道である」

と、指摘されています。

私たちが縁あって、師と出会えたならば、そこから学びつくし、実践する最善の努力をしたいものです。「師弟の道」の実践です。そのことによって、私たちは人間として学び、大いに成長することができるはずなのです。

「偉大な可能性に満ちた世界を開くカギ」（N・ラダクリシュナン）である、深き師弟の道を、生涯かけて探求《たんきゅう》し、実践しぬいていきたいものです。

八　愛する人との別れ

長い人生行路の途中には、喜びもありますが、さまざまな苦しみにもまた多く出会います。

なかでもつらいのが、別れでしょう。愛しているのに別れなければならない苦しみ。身も心もちぎれそうなほどつらい別れ。先にもあげた「愛別離苦《あいべつりく》」です。

事情によって遠く離れ離れになる場合もありますが、なかでも、死による別れほどつらいものは、ないのではないでしょうか。

よい思い出があればあるほど、また、よい思い出がなければないがゆえに、後悔《こうかい》とともに押し寄せるのは、もう二度と会えないという耐《た》えがたい悲しみなのです。

アメリカの精神病研究者であるホームズ博士は、日常生活のストレス度を数字で表しました。それによると、大人《おとな》にとって、配偶者《はいぐうしゃ》の死を一〇〇とすると、離婚《りこん》が七三、別れが六五、自分のケガや病気が五三、結婚は五〇、失業が四七、職業上の方針変更《へんこう》が三六、責任の変化が二九だそうです。

配偶者との死別のダメージがこれほどまでに大きいのは、他人同士が長い時間をかけて積み重ねた月日が、他人であるゆえにかえって強力な絆《きずな》として認識されているからなのでしょうか。

その人がたとえ、長い病床《びょうしょう》にあったとしても、やはり、死というものは、突然の存在喪失《そうしつ》にほかなりません。ですから、残された者の心にとりついた無常と哀惜《あいせき》の感情は、言葉にならないつらさなのです。

夫婦の別れは、結婚時の年齢や平均寿命の相違のために、夫が先に亡くなる場合が多くなっています。多くの女性は、その悲しみをも受けなければならないのです。

日蓮大聖人は、夫《おっと》を亡くして心細い思いをしている女性信者たちを、心にしみ入るようなお手紙で激励されています。

たとえば、八人の子どもと妊娠《にんしん》中のお腹の子どもを残して夫が亡くなった上野殿後家尼に対しては、

「さだ《定》めて霊山浄土《りょうぜんじょうど》にてさば《娑婆》の事をば・ちうや《昼夜》にきき御覧じ候らむ、妻子等は肉眼なればみ《見》させ・き《聞》かせ給う事なし・ついには一所とをぼしめせ、……い《生》きてをはしき時は生の仏・今は死の仏・生死ともに仏なり、即身成仏と申す大事の法門これなり（〔上野殿は〕きっと霊山浄土で娑婆《しゃば》のことを昼夜に見聞きされていることであろう。しかし、妻子等は肉眼であるから見ることも聞くこともできないが、ついには〔霊山浄土で〕一緒になると思いなさい。……生きておら

れた時は生の仏、今は死の仏、生死ともに仏である。即身成仏という大事の法門はこのことを説きあらわされたのである)」(「上野殿後家尼御返事」一五〇四頁)

と、夫婦の絆《きずな》は生死を越えたものであるとし、生きている時も亡くなった後も、夫は仏なのだから、心強く思って生きていきなさい、と激励されているのです。

また、親の死も、ほとんどの人が直面しなくてはならないものです。この世の道理です。日蓮大聖人は、

「華はつぼみ《蕾》さいて菓《このみ》なる、をや《親》は死にて子にになわる《担》、これ次第なり(花はつぼみが咲いて菓となり、親は先に死んで子に背負われる。これが順序である)」(「上野殿御書」一五六七頁)

と述べられています。

さらに、子どもを亡くした親の悲しみはいっそう深く、察するにあまりあ

ります。

日蓮大聖人も、

「をやこ《親子》のわかれこそ月日のへだつる《隔》ままに・いよいよ・なげきふかかりぬべくみへ候へ、をやこのわかれにも・をやはゆきて・子は・とどまる《留》は同じ無常《むじょう》なれども・ことはりにもや、をひたる《老》はわ《母》は・とどまりて・わきき《若》子のさき《前》にたつ・なさけなき事なれば神も仏もうらめしや（親子の別れだけは、月日が経つほどにいよいよ嘆きが深くなっていくものとみえる。親子の別れでも、親が先に亡くなって子どもが生き残るのは、同じ無常ではあっても、自然の道理であろう。だが、年老いた母が生き残って、若き子が先立つのは、あまりに情けないことなので、神も仏もうらめしい）」（「光日房御書」九二九頁）

と、同じ親子の別れでも、親が先立って子どもが残るのは、同じ無常といっても世の道理であるけれども、親が残って子どもが先立つのは、神仏もうらめしいほどつらいことだと、親と同苦《どうく》されています。

子どもを亡くした場合、どんなことをしても生き返らせたい、と思うのが親の気持ち――。古代インドにも、そんな母親の話があります。キサー・ゴータミーの物語です。

彼女は、かつて夫を亡くし、今は子どもを失って、その不幸を嘆き悲しんでいました。その時、釈尊に出会い、どうすれば子どもが生き返るのかとたずねました。

すると、釈尊は、

「今まで誰も死んだことのない家から、からしの種をもらってきなさい」

と告げました。からしの種さえもらってくれば、子どもを生き返らせることができると考えた彼女は、そのような家を懸命《けんめい》に探しますが、ありませんでした。あるはずはなかったのです。

彼女は、その時はじめて、生死の苦はすべての人にやってくることに気づき、釈尊に帰依《きえ》したといいます。

親であれ、配偶者《はいぐうしゃ》であれ、子どもであれ、友人であれ、愛する人と別れることなくずっと一緒にいられたら、どんなに幸《しあわ》せなことでしょう。

しかし、それは不可能です。生命ある者はみな、生死の二面をもっており、生あれば必ず死があるのが道理なのです。時期が少しばかり先か後かの問題だけでしょう。

ですから、大切な人を亡くしたら、きちんと思い切り悲しむことだといいます。そして、悲しみながらも立ち上がり、その人の遺志をついで幸せに生きていく。それが故人の望むところでもありましょう。私が死んだ時にも、きっとそう望むと思います。

池田ＳＧＩ会長は、次のように述べられています。

「大切なことは、今、生きている私どもが、希望をもち、幸福になっていくことである。その姿が、そのまま、生死不二《しょうじふに》で、故人の生命に喜びの波動を与えていく。また、故人の成仏の証明になっていく。悲しみに負ければ、故人が悲しむ。『生も仏』『死も仏』である。いつも、故人と一緒である。一体なのである」

先日、新聞で読んだ、ある識者のひとことが心に残りました。

「死んだら、どこに行くと思いますか？」

との質問に、

「愛する人の心の中、かな」と。

なんてステキな言葉でしょう。自分が生きている限り、ちょっと先に亡くなった人たちも、この胸の中で一緒に生きつづけているのです。

九　友人葬《ゆうじんそう》をめぐって

「死に装束《しょうぞく》のファッションショー」

「美しい骨壺《こつつぼ》（もちろん未使用）の展示会《てんじかい》」

「インターネット上の墓参《はかまい》りサイト」――。

最近、日本の葬儀《そうぎ》文化をめぐる状況が、大きく変化しています。

かつては、死のことを話題にすると、不謹慎《ふきんしん》で縁起《えんぎ》でもないといわれたものです。しかし、今では、マスメディアでも死をめぐる話題が盛んに取り上げられるようになりました。

また、葬儀《そうぎ》の形式も多様化しています。読経《どきょう》ではなく音楽で見送る「音楽葬《そう》」、生きているうちに行う「生前葬」（一九九三年に女優・プロデューサーの水の江滝子さんが行って話題になりました)、遺骨《いこつ》を墓におさめないで山や海などの自然の中に撒《ま》く「自然葬」などなど。

葬儀を含めた儀礼《ぎれい》は、慣習《かんしゅう》・習俗《しゅうぞく》であり、時代・社会とともに変化していくのも、自然な流れといえるでしょう。

日本の伝統的な葬儀《そうぎ》形態は、江戸時代の檀家《だんか》制度の中で定着したものです。それ以前には、一般民衆の多くは、葬儀や墓とは無縁でした。それが、江戸時代に、幕府によって「葬式仏教」が制度化され、葬儀・年忌《ねんき》法要《ほうよう》・盆《ぼん》・彼《ひ》岸《がん》などが寺院を中心に行われるようになったのです。

そのような制度に対し、近年、より自由なものを求める気風が出てきました。自分らしく生きてきた人々が、最後の儀式も、お仕着《しき》せのものではなく、自分らしく個性的に行いたいと思うのは、よく理解できます。

そして、さまざまな葬儀の試《こころ》みの中で、大きな共感と評価を得てきているのが、創価学会による「友人葬《ゆうじんそう》」なのです。

「長年、信心に反対していたおじが、友人葬に出席して、入会を決意しました」

「信心に批判的《ひはんてき》だった親族が、学会員の真心あふれる行為《こうい》に感動し、考え方を変えました」

など、友人葬への共感の声が寄せられています。

友人葬の意義はさまざまありますが、多くの識者が指摘《してき》するように、新たな「人間の絆《きずな》」を提示《ていじ》した点が画期的《かっきてき》といえます。

かつて、近代以前には、人々は地域の共同体や家族の中に埋《うず》もれて暮らしていました。そのため、人間関係はとても密接で、多くのしがらみがありました。

当時の葬儀は、地域の重要な儀式で、集落《しゅうらく》的お手伝い制度が存在し、地域

の長老が葬儀を仕切ったものです。そこには、「しがらみ」とはいえ、ひとりの人間の死をみとり、悼《いた》む人間集団の絆がありました

ところが、近代化や都市化の中で、人間関係も大きく変化します。人々は故郷の共同体を離れ、仕事を求めて都会に移り住んできます。

そこでの人間関係の多くは、隣の人と挨拶《あいさつ》もしなければ、その素性《すじょう》も知らないようなもの。つきあいは、個人主義的で一面的です。一人暮らしの人が亡くなった際、何日も気づかれないということさえあります。

そのような傾向は、都会だけではありません。故郷も近代化が進み、家の観念や親族間のつながりも薄れているのです。

そのような状況では、葬儀を仕切るのは、地域の長老ではなく、葬儀屋《そうぎや》さん。遺族《いぞく》は、葬儀を買う消費者となり、仕事などの関係で事務的に出席する参加者の対応に追われます。

式そのものは手際よく進行しますが、死を悼《いた》む実感は薄く、遺族は「こちらに座《すわ》ってください」「喪主《もしゅ》の方は、挨拶《あいさつ》してください」などと指示されて、あちこち動いて忙《いそが》しいばかり。誰の、何のための葬儀なのか、わからないありさまです。

それとならんで、問題になったのが、葬儀費用があまりにも高額だということです。ふだんは「あっちのスーパーが安い」とか、「きょうは特売日」などという生活をしている人が、葬儀となると、相場《そうば》もわからず、僧侶《そうりょ》や葬儀屋さんのいいなり。戒名《かいみょう》や祭壇《さいだん》に、数百万円を支払った人もいるそうです。

そうした中、バブルの崩壊もあって、「適正価格」という感覚がようやく葬儀の世界にも適用されるようになり、葬儀の見直しに拍車《はくしゃ》をかけたのです。

創価学会が、「平成のルネサンス」と称して友人葬を展開《てんかい》したのは、まさに時宜《じぎ》を得たことだったといえましょう。

友人葬は、人生最後の儀式を民衆の手に取り戻した快挙《かいきょ》であるとして、学会の内外を問わず、賛同《さんどう》の声が高まっています。会員以外の人でも、ぜひ自分の時も友人葬を行ってほしいという人が相次いでいるのです。

さて、高齢社会を迎えた現在、およそ八割の人が、老後に何らかの不安を抱いているというデータがあります。健康や経済の問題と並んで、葬儀の件も不安のタネになっているのです。

未婚《みこん》の人や独居《どっきょ》老人の不安は、誰が自分の死をみとってくれるのか、誰が葬儀を行ってくれるのかということです。また、どのくらい費用がかかるのかというのも、頭痛のタネです。また、既婚者《きこんしゃ》で子どもがあっても、不安を感じている人も多いのです。

前近代に生きた人々の周《まわ》りには、善かれ悪かれ、密接な人間関係がありました。ところが、地域の共同体や家制度が崩壊《ほうかい》した現在、その絆《きずな》は失われつつあります。

現代人の死を心からみとり、受け止め、悼《いた》み、遺族を励ましてくれる受け皿は、いったいどこにあるのでしょうか。

友人葬は、友人がそれらを担《にな》うという点で、画期的《かっきてき》な意義をもっています。葬儀の時だけ顔をあわせる僧侶ではなく、ともに生きてきた友人たちの真心の唱題に包まれ、親しみある名前で呼びかけられ、生前祈ってきた御本尊の前で霊山《りょうぜん》に旅立つ――。

まさに、現代の新たな「人間の絆《きずな》」の証《あかし》といえるのではないでしょうか。世間の人々が友人葬に感動し期待するのは、まさにこの点なのだと思います。

私には、

「あなたの友人葬をやってあげるわ」

「私こそ、やってあげるわよ」

「どっちが先か、わからないわね」

などといって笑いあう、多くの友人がいます。私の葬儀にそんな友人たちが集《つど》ってくれる――。そう考えるだけで、ありがたいことだなぁと思うのです。

実は、葬儀に友人が集ってくれるということは、とりもなおさず、現在そういう人たちに囲《かこ》まれて生きているということなのです。

ＳＧＩ会長は、

「生も喜びであり、死も喜び、生も遊楽《ゆうらく》であり、死も遊楽である」

と述べられています。

まさに友人葬は、そんな生死の歓喜をとり結ぶ、生命の儀式であるといえましょう。

仏法の深い生命観にもとづいた、なおかつ時代の最先端をいく友人葬をさわやかに執《と》り行えることは、心からの誇りなのです。

第三章

よりよい社会をつくるために

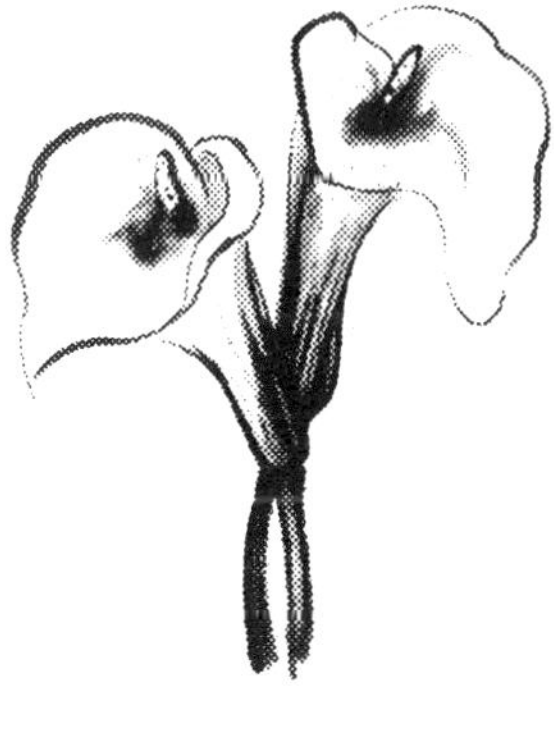

一　違うからこそ、面白《おもしろ》い

ロサンゼルスに住む、友人の日本人家族と話をしていた時のことです。そのお宅《たく》には、小学生の息子《むすこ》さんがいます。彼は、のびのびと活発で、運動神経が抜群《ばつぐん》。私は、

「スポーツは、クラスで一番でしょう？」

と聞きました。すると、彼いわく、

「マイケルには、負けちゃうよ。すごいんだよ」

マイケルとは、足の長い黒人の少年だそうです。

ちょっといい話だな、と思いました。

人種のサラダ・ボウルといわれる、「移民の国」アメリカには、肌《はだ》の色や出身国の違う人々が集まっています。

とくにロサンゼルスは、全米平均と比較《ひかく》しても、白人の構成比が低く、なんと三割にすぎません。残り四割以上がメキシコなどのヒスパニック系、中国・韓国・ベトナムなどのアジア系が一割台、黒人も一割台です。

当然、彼が通《かよ》う小学校にも、さまざまな人種の生徒たちがいるわけです。彼らは、それぞれ特質が異なっています。顔・体つき・肌《はだ》や髪《かみ》の色はもとより、精神的・肉体的なものも異なるでしょう。

けっして一様ではなく、多様な中でお互いを認めあい、自分にはない相手のすぐれた部分を評価しあっている——。子どもたちのそんな様子が感じられて、とても好感を持ったのです。

まさに「桜梅桃李《おうばいとうり》」の原理ですね。

二十一世紀の社会は、ますます世界に向けて開かれていくでしょう。私たちは、今まで以上に、多様な人々と混《ま》じりあって生活していくはずです。違うからこそ学びあえる、補《おぎな》いあえる、豊《ゆた》かになれる、だからこそ面白《おもしろ》い――、そんな時代をめざしたいですね。

一方、日本社会はといえば、アイヌをはじめとする少数民族や、多くの在日外国人を擁《よう》するにもかかわらず、「単一民族」という意識が強いようです。それは、政治家の失言《しつげん》などにもうかがわれます。

海に囲まれた島国ゆえに、外国という異文化との接触《せっしょく》が少なかったからでしょうか。多様性より画一性《かくいっせい》に安住し、少しでも異なるものを認めたがらない傾向が強いようです。

そのため、自分と違う人に対して違和感《いわかん》を感じたり、相手の特質や価値観を認めて尊重するのではなく、無視したり、避けたり、蔑視《べっし》したり、差別したり、排除《はいじょ》したり、敵視したり――。

私たちは、人間ひとりひとりが人種・性別・出身・職業・性的傾向などが異なるということを、当たり前として考えられるようになりたいですね。

まして、個性となればそれこそ多種多様で、どちらが上か下か、どちらがよいか悪いかなどという問題ではありません。違いこそが成長の糧《かて》である、と考える必要があるのではないでしょうか。

それなのに、今も世界中で頻発《ひんぱつ》している多くの闘争の原因には、民族や領土・経済問題のみならず、宗教の違いまでもがもち出されてしまっているのです。

仏典では、差別意識・差異へのこだわりを、「一本の矢」とも表現しています。

釈尊《しゃくそん》は、当時のインドで起こっていた争乱《そうらん》の根底に「差異へのこだわり」

を見出し、

「私は人の心に見がたき一本の矢が刺《さ》さっているのを見た」

と、洞察《どうさつ》しています。

池田SGI会長は、釈尊のこの言葉について、

「『民族』であれ『階級』であれ、克服《こくふく》されるべき悪、すなわち『一本の矢』は、外部というよりまず自分の内部にある。ゆえに、人間への差別意識・差異へのこだわりを克服することこそ、平和と普遍的《ふへんてき》人権の創出《そうしゅつ》への第一義であり、開かれた対話を可能ならしむる黄金律《おうごんりつ》なのであります」

と指摘されています。

相互理解・寛容《かんよう》の精神をもち、多様性を尊重した上で共生《きょうせい》していくのが、グローバル時代において、私たちが目指《めざ》す方向なのではないでしょうか。

異なるもの同士が出会った時、必ずしも「衝突《しょうとつ》」が起こるわけではないこ

とは、歴史を見ても明らかです。たとえば、シルクロード文化は、異質なものとの出会いによって、お互いの文化を豊《ゆた》かに開花させた恰好《かっこう》の例ではありませんか。

仏教に見られる寛容の精神の根底には、徹底《てってい》した平等主義があります。

日蓮大聖人は、

「十法界を互に具足《ぐそく》し平等なる十界の衆生《しゅじょう》なれば虚空《こくう》の木月も水中の末月も一人の身中に具足して闕《か》くること無し故に十如是は本末究竟《ほんまつくきょう》して等しく差別無し（十法界を互いに具足して平等であるのが十界の衆生であるから、大空の本月も水中の末月もひとりの身中に具足して欠けることはないのである。ゆえに、十如是は本末究竟して等しく、差別がないのである）」（「三世諸仏総勘文教相廃立」五六五頁）

と、すべての人間は平等で、差別はないとされています。

さらに、二乗成仏《にじょうじょうぶつ》・悪人成仏・女人成仏《にょにん》を明かした『法華経《ほけきょう》』にこそ、真の平等思想があるとして、

「此の経は悪人・女人・二乗・闡提《せんだい》を簡《えら》ばず故に皆成仏道《かいじょうぶつどう》とも云ひ又平等大《びょうどうだい》慧《え》とも云う（この法華経は悪人・女人・二乗・闡提を差別しない。ゆえに皆成仏道ともいい、また平等大慧ともいう）」（「一念三千法門」四一六頁）

と宣言されているのです。

残念ながら、そうした原理を理解せず、時代遅《おく》れになっているのが、「日顕宗」の人々です。今どき「信徒の分際《ぶんざい》で何をいう」などというのは、身分制度で人々を差別していた古い時代の遺物《いぶつ》であり、檀家《だんか》制度の権化《ごんげ》にほかなりません。

『ダンマパダ』では、悪侶《あくりょ》について、

「袈裟《けさ》を首にまとうも　性質悪く　自制《じせい》なき者多し　かれら悪人は　もろも

ろの悪業によりて　地獄に生まる」（三〇七節）と指弾《しだん》しています。まさに、その姿といえるのではないでしょうか。

ところで、他者の痛みを知る者は、その痛みを経験したものだけである、といわれます。差別される側、排除される側の痛みは、体験した者だけが身にしみて理解できます。

女性たちが、長い間そのような立場に置かれてきたことは、すでに見てきましたね。ですから、女性は、他の人たちの痛みをくみ取り、同苦するまなざしをもっているでしょう。そして、その視点こそが、あらゆる差別・排除との闘いのテコとなることでしょう。

属性《ぞくせい》がどうであれ、人間というものは人間であるだけで尊いのです。人間を大切にできない社会は、人権無視の不公平な社会です。今こそ、私たちが、勇気を出して声を上げる時なのではないでしょうか。

二　自然とともに生きる

子どもの頃に、未来のイメージを描《えが》いたこと、ありますか？

私のイメージは、高層化したビルの間を空飛ぶ車が飛びかい、着ているものは、宇宙服《うちゅうふく》のようなシルバーメタリックの服。家には、立ち働くロボット。ボタン一つで必要なものが何でも出てくる機械もあり、食事は丸薬《がんやく》ですませる、というようなものでした。

世界中で科学技術が加速度的に進展《しんてん》し、宇宙開発競争もしのぎをけずっていた時代です。おそらく、テレビや映画で作られたイメージが投影《とうえい》されていたのだと思います。

それは、私だけでなく、おそらくほとんどの子ども、そして大人《おとな》までもが未来に対して漠然《ばくぜん》と抱《いだ》いていた、共通のイメージだったのではないでしょうか。そんな世界こそが、しかるべき発展と進歩を遂《と》げた人類の未来であると、信じていたのです。

ところが、現実はどうでしょうか。私が想像していた「未来」である、この現在を考えてみましょう。今や、科学技術の暴走に疑問の声が上がり、豊かな自然に対する憧憬《あこがれ》が、人々の心に生じているように感じます。

失った自然を、必死になって取り戻さねばならない事態になっているのです。地球上では「新参者《しんざんもの》」でしかない人類が、自《みずか》らの手でその調和と共存を蹂躙《じゅうりん》してしまったからです。その大きすぎるツケの支払いに、人類はいま、七転八倒《しちてんばっとう》しているといえましょう。

科学技術信仰が、多くの環境破壊《かんきょうはかい》をもたらしました。地球温暖化《おんだんか》・異常気象・海洋汚染《おせん》・森林の消失・砂漠化《さばくか》の進行・生物種の激減――。ひとしきり環境・生態系《せいたいけい》を壊《こわ》した後で、失ったものの大きさに気づいたのです。

その時になってはじめて、人間がすべての「生きとし生けるもの」と共生する生命体の一つにすぎないと知ったのは、皮肉《ひにく》なことです。

しかし、遅くはありません。世界中の心ある人々が、人類と自然との調和・共生、そして自然回復を目指《めざ》し、活動を開始しています。

仏教では、自然との共生を「依正不二《えしょうふに》」論として展開《てんかい》しています。「正報《しょうほう》」とは、主体となる人間生命であり、「依報《えほう》」とは、それを取り巻く環境世界をさします。その二つが一体不二だとするのです。

つまり、人間は自然と対立したり自然を支配したりするものではなく、その一部であり、自然から切り離せない存在であることを教えているのです。

インド仏教においては、仏性《ぶっしょう》をもつのは人間に限られていましたが、中国と日本の仏教においては、「山川草木悉皆成仏《さんせんそうもくしっかいじょうぶつ》」とされ、人間や動物などの有情だけでなく、植物や山や川という無生物（非情）にも、「尊厳なるもの」が認められています。

これは、人間と自然を二元論的・対立的にとらえがちな西洋思想とは、実に対照的《たいしょうてき》な点です。

日蓮大聖人も、

「一切衆生《いっさいしゅじょう》のみならず十界の依正《えしょう》の二法・非情《ひじょう》の草木・一微塵《みじん》にいたるまで皆十界を具足《ぐそく》せり（一切衆生だけでなく、十界の依報・正報の二法も、非情の草木や一微塵にいたるまで、みな十界を具足している）」（「小乗大乗分別抄」五二二頁）

とし、自然界の草木も皆、十界をもつ生命の主体であること、つまり仏性をもつ存在であり、尊い存在であることを示されています。

また、
「夫《それ》十方は依報なり・衆生は正報なり譬へば依報は影のごとし正報は体のごとし・身なくば影なし正報なくば依報なし・又正報をば依報をもつて此れをつくる《作》（十方は依報である。衆生は正報である。依報は、たとえば影であり、正報は体である。身がなければ影はない。と同じく、正報がなければ依報もないのである。また、その正報は、依報をもってその体をつくっている）」（「瑞相御書」一一四〇頁）

として、人間という生命主体（正報）と環境（依報）は、相互に影響しあいつつ、その基底においては一体であるとされています。

このような「共生《きょうせい》」の思想を裏づける仏教思想は、「縁起《えんぎ》」論です。「縁起」とは、自然界には単独で存在しているものはなく、すべてが互いに縁となりつつ、生きとし生けるものの生命の織物《おりもの》を織りなしているという考え方です。

そのように、調和・共存している理想的な社会こそ、仏教で説く「宝土」といえましょう。

さて、すでに四十年も前に、自然破壊に警鐘《けいしょう》を鳴らした女性がいました。ご存じの方もいらっしゃるでしょう。アメリカの海洋学者、レイチェル・カーソンです。

彼女は、環境保護の先駆《さきが》けとなった一九六二年の著書、『沈黙《ちんもく》の春』の中で、当時のアメリカで盛んに使われていたＤＤＴなどの大量の農薬や、化学物質の害を指摘《してき》しました。そして、それらによる汚染《おせん》の連鎖《れんさ》は、最終的には人間へと到達《とうたつ》するのだと報告したのです。

いつも目にして親《した》しんでいた自然の営《いとな》みの中に、その恐ろしい予感を感じとった彼女は、多くの時間と労力をかけた綿密《めんみつ》な調査データを裏づけに、人々の感性《かんせい》に訴《うった》える表現で文章をつづりました。

「自然が沈黙してしまった。薄気味《うすきみ》悪く。鳥たちはどこへ行ってしまったのか……」と。

この本が出版されるやいなや、農薬会社をはじめとする産業界や研究者たちから、悪辣《あくらつ》な批判《ひはん》と攻撃の矢が向けられました。

「ヒステリー女」とか、「未婚《みこん》で子どももいないのに、なぜ遺伝子《いでんし》を心配するのか」とか。

彼女の調査内容とはまったく無関係の、人間性を踏《ふ》みにじる批判でした。今なら「セクハラ発言」として問題にされるところでしょう。

しかし、彼女は、堂々とそして冷静《れいせい》に有害物質の恐ろしさを説きつづけ、周囲に理解と共感の輪を広げていきます。その声は政府をも動かし、調査によって裏づけを得た政府は、後にＤＤＴなどを使用禁止にしています。

ひとりの女性があげた真実の叫びが、社会を変え、自然と生命を守ったのです。彼女が五十六歳でがんによって亡くなった後も、多くの人々が、その思想にもとづき、環境保護運動や研究をつづけています。

「人類は、自然を支配することにではなく、自《みずか》らを制御《せいぎょ》することに、熟達《じゅくたつ》しなければなりません」——。

これが、彼女が残した言葉です。自然の声に耳を傾け、その神秘《しんぴ》に驚き畏《い》敬《けい》する、敏感なみずみずしい感性。そして、自然が破壊されることは、人間自身が破壊されることであるという洞察力《どうさつりょく》。

環境問題の解決には、そのような鋭《するど》い感覚が不可欠《ふかけつ》なのでしょう。

もちろん、そうした感覚は、性別にかかわらず誰もがもっているでしょう。なかんずく、生命をその身に宿し、育《はぐく》む体験をする機会のある女性こそ、より強く実感できるのではないでしょうか。

「こんな危険《きけん》な食べ物を、子どもに食べさせるわけにはいかない」

「こんな汚《よご》れた大気では、子どもが病気になってしまう」

「こんな川を、子どもに残すわけにはいかない」

など、女性の感じるありのままの危機《きき》感《かん》は、心の奥底《おうてい》から出た真実の叫びです。

アメリカの未来学者、ヘイゼル・ヘンダーソン博士のように、勇気をもって、その叫びを社会に発信しましょう。それこそが、人類の危機を救うことにほかならないのですから。

失われつつある「万物共生《きょうせい》の豊《ゆた》かな大地」を取り戻すために期待されるのは、心ある人々、なかんずく女性たちの果敢《かかん》な活動なのです。

三　「足《た》るを知る」ということ

「じゅわーっと、口の中に旨《うま》みが広がります」

「あんまり甘くなくて、フルーティで美味《おい》しい」

などなど。テレビでは相変わらず、グルメ番組が花盛り。さまざまな趣向《しゅこう》をこらした料理番組も、視聴者《しちょうしゃ》の関心をそそっています。

食べ放題の店も人気のようで、ビュッフェスタイルのホテルやレストランでは、「取らなきゃソンソン」とばかりに、食べきれないほど皿に盛りつける人が目立ちます。

そして、もう動けない、というくらい食べた後でも、『デザートは別腹《べつばら》』。ケーキやフルーツのコーナーに突進してしまう。かくいう私も、例外ではありません……。

「飽食《ほうしょく》の時代」といわれて久しくなります。もちろん、かつて日本人が体験した食糧不足を考えれば、食を楽しむ余裕《よゆう》のある時代になったことは、喜ばしいことです。

しかし、現在、地球上の約八割の人々が貧困《ひんこん》に苦しみ、食料や飲料水に事《こと》欠《か》く生活をしている状況に、目をつぶるわけにはいきません。その分を皆で分けあえば足《た》りるはずなのにと、どうしても思ってしまうのです。

一部の人々、一部の口に食料が集中しています。皆がお腹《なか》を空《す》かせて食事をする時、たったひとりがお皿《さら》を独占《どくせん》してしまい、しかも食べきれずに捨ててしまったら、こんなにばかげたことはないと思うでしょう。しかしそれが、地球規模《きぼ》で起こっていることには、案外《あんがい》気づいていないのです。

このような時こそ、仏教で説く「少欲知足《しょうよくちそく》」の智慧が思い起こされるべきでしょう。

『仏遺教経《ぶつゆいきょうぎょう》』には、

「知足の人は地上に臥《ふ》すと雖《いえど》も、なお安楽なりとす。不知足の者は、天堂に処すと雖も亦意《またこころ》に称《かな》わず。不知足の者は、富めりと雖も而《しか》も貧し（足ることを知っている人は、地上に寝るような境遇であっても幸せな人であり、足ることを知らない人は、天上界の宮殿のような所に住んでも、満足できない。足ることを知らない人は、いかに財産があっても、心は貧しいものである）」

とあります。

あくなき欲望に取りつかれた人々への警告《けいこく》です。

また、『スッタニパータ』には、次のようにあります。

「究極《きゅうきょく》の理想に通じた人が、この平安の境地に達してなすべきことは、次のとおりである。能力あり、直《なお》く正しく言葉やさしく、柔和で思い上がることのないものであらねばならない。足ることを知り、わずかの食物で暮らし、雑務少なく生活もまた簡素《かんそ》であり、もろもろの人のうちで貪《むさぼ》ることがない」（一四三節〜一四四節）と。

「足《た》ることを知り、わずかの食物で暮らし……」というのが、人間としての平和の境地とされるのです。

そうした場合、他者の貧困《ひんこん》に同苦し、自分がもつものを分かちあう「布施《ふせ》」の精神が、自然のうちに発現するはずです。

「少欲知足」の生き方は、欲望を布施《ふせ》の実践へと転換する生き方といえましょう。これは、人間対人間だけではなく、人間対自然の場合にも当てはまります。自然から必要以上のものを取ってこない、搾取《さくしゅ》しないという態度です。

日蓮大聖人は、

「減劫《げんこう》の時は小の三災をこる、ゆはゆる飢渇《けかち》・疫病・合戦なり、飢渇《けかち》は大貪《だいとん》よりをこり・やくびやうは・ぐちよりをこり・合戦は瞋恚《しんに》よりをこる（減劫の時は小の三災が起こる。すなわち、飢渇・疫病・戦争である。飢渇は貪欲《とんよく》の心から起こり、疫病は愚痴の心から起こり、戦争は瞋恚の心から起こる)」(「曾谷殿御返事」一〇六四頁)

と、飢饉《ききん》が人間の三毒の一つ、貪欲から起こることを、鋭《するど》く指摘されています。

グローバル化が進展するにつれ、世界中の国々の経済や文化、そして生活が密接につながって活性化していく反面、開発途上国の中にはますます貧困に陥《おちい》る国が現れています。

わずか一握《ひとにぎ》りの人々が、政治と経済を握り、その恩恵《おんけい》を得ているのみで、大半の民衆は犠牲《ぎせい》になっているのです。

それらの国々の廉価《れんか》な原材料と労働力を利用する、私たち先進国にも、その責任の一端があるということを、忘れてはなりません。安いから、と私たちが気軽《きがる》に購入《こうにゅう》する外国製品の陰には、そのような実態《じったい》があるのです。

しかし、最近、「フェアトレード」をはじめとする「公正な経済秩序《ちつじょ》」の構築《こうちく》がいわれ始めたことは、喜ばしいことです。日本でも、少しずつフェアトレードショップが見られるようになりました。

生産者の利益を搾取《さくしゅ》することなく、正当な価格でその国の商品を購入する——。私たちが一消費者として直接協力できる機会が設《もう》けられている、といえるお店です。

他人を搾取《さくしゅ》しないという貪欲《とんよく》のコントロール、すなわち、少欲知足《しょうよくちそく》の生き方と布施《ふせ》行《ぎょう》の実践が、現今の諸問題を解決する糸口《いとぐち》になると思うのです。つまり、何ごともほどほどにというのが、自分の幸《しあわ》せのためにも、他人の幸せのためにもいいのです。

食べ放題もたまにはいいでしょうが、腹八分目のほうが健康にもダイエットにもいいことは、周知のとおりです。

最後に、『相応部経典』からのアドバイスを一つ。

釈尊《しゃくそん》に帰依《きえ》していたコーサラ国のパセーナディ王は、いつもお腹《なか》いっぱい食べ、食べすぎで苦しむこともしばしばであったといいます。

それを知った釈尊は、王に対して、

「食事の量を留意《りゅうい》して、節する人に、苦痛は少ない。寿命《じゅみょう》を保ち、少しずつ老いる」

と説きます。以後、王は食事のたびに侍者《じしゃ》にこの言葉を唱えさせて自戒《じかい》した、ということです。

おそらく、王はそのおかげで生活習慣病《せいかつしゅうかん》をまぬがれたことでしょう。

しかし、それだけでなく、食べ物が足りなくて困っている人々に食べ物が行きわたるように考えることも、必要なのです。

四　仕事も修行《しゅぎょう》

テレビを見る時、ちょっと意識してみてください。メインのニュースキャスターが女性、というニュース番組を見かけることが多くなったのではないでしょうか？

かつては、メインの男性の傍《かたわ》らで女性はニコニコ笑っているだけ、というのがほとんどだったことを考えると、昔日《せきじつ》の感があります。

タクシーやトラック、宅配便《たくはいびん》の運転手にも女性の姿をよく見かけます。それ以外にも、政治や経済、法曹《ほうそう》、教育といったあらゆる分野《ぶんや》で、女性の活躍が目立つようになりました。

性別にかかわらず、その仕事にもっともふさわしい人や、意欲のある人が抜擢《ばってき》されるようになってきた、ということでしょう。

社会の各分野で、女性を積極的に登用《とうよう》していこうという動きが、目に見える形で出てきているのは、同じ女性として心強いことですね。

「男女雇用《こよう》機会均等《きんとう》法」や「改正均等法」も、その後押しをしています。後者は、その目的として、「女性労働者が性により差別されることなく、母性を尊重《そんちょう》されつつ、その能力を十分に発揮できる職場をつくる」ことをうたっています。

日本人で「男は仕事、女は家庭」という昔《むかし》からの考え方にこだわる人は、最近の調査では大きく減っているそうです。今や、そう思う人と思わない人との比率は、ほぼ同数です。

とくに若い世代での意識の変化は大きく、それが数字に反映されているといえます。実際に、その世代では働く女性の割合が高いため、男女ともに、女性が外で働く姿を自然なものとしてとらえているのでしょう。

また、結婚しても、出産しても、働きつづける女性も増えています。そのことに関して、家族や社会の認識と、何より本人たちの意識が、高まっているのでしょう。

もちろん、すべての女性が働くべきだなどといっているのではありません。しかし、働きたい女性、働かなくてはならない女性も多いのです。

自己実現したい、社会に貢献《こうけん》したい、人々の役に立ちたいと願うのは、人間として当然のことで、男女の相違はないでしょう。そのための場の一つが、仕事であり職場である、ということなのです。ですから、その場が女性にも開かれているかどうかは、重要な問題です。

残念なことですが、依然として女性に対する待遇差別《たいぐうさべつ》はあります。たとえば、三十代で課長に昇進《しょうしん》できた女性は、男性の四分の一。四十代で課長は六分の一にすぎないなど、会社内での評価はいまだに低いのです。

また、結婚や妊娠《にんしん》をしたとたんに、人事異動《いどう》や遠まわしな退社勧告《かんこく》を受けたり、という対応を受けている事実がまだまだあります。上が見えるのに到《とう》達《たつ》できない「ガラスの天井《てんじょう》」も存在しています。

だからといって、現場を離れては、成長の場はありません。自分が受け入れられない現実から逃避《とうひ》するのではなく、その現実に果敢《かかん》にチャレンジすることによってこそ、価値を創造していくことができるのです。

山奥の寺院ではなく、この世俗のただ中で生きる私たちが、価値を創造するために実践できることの一つが、仕事なのです。

日蓮大聖人は、四条金吾にあてたお手紙の中で、

「御みやづかい《仕官》を法華経とをぼしめせ、『一切世間の治生産業は皆実相と相

違背《いはい》せず』とは此れなり（宮仕えを法華経の修行と思いなさい。経に「一切世間の治生産業は皆、実相と違背しない」と説かれているのは、このことである）」（「檀越某御返事」一二九五頁）

と、仕官《みやづかえ》の仕事がそのまま『法華経』の修行であることを示し、仕事に励むよう激励されています。

また、

「法華経に云く『皆実相と相違背《あいいはい》せず』等云云、天台之を承《う》けて云く『一切世間の治生産業は皆実相と相違背せず』等云云、智者とは世間の法より外に仏法を行《おこな》ず、世間の治世の法を能《よ》く能く心へて候を智者とは申すなり（『法華経法師功徳品第十九』には、「諸法はみな実相と違背しない」等とあり、天台大師はこれをうけて「すべて世間の政治・経済は、みな実相と違背しない」等といっている。智者とは、世間の法以外において仏法を行ずることはない。世間の

治世の法を十分に心得ているのを、智者というのである)」(「減劫御書」一四六六頁)

ともご教示されています。

仕事も含めて、社会現象《げんしょう》のすべてが仏法であり、そこでの活動も仏道修行そのものであるということでしょう。

ところで、仕事をまっとうするのは、生やさしいことではありません。『シンガーラへの教え』は、仕事に取り組む心構えとして、

「寒すぎる、暑すぎる、遅《おそ》すぎるといって、なすべき仕事をなおざりにする者、そのような若者たちには利益は逃げていく。寒さも暑さも草の先ほども思わないで、人のなすべき仕事をなす者は、幸福を逸《いっ》することがない」(一四節)

と忠告しています。

仕事がきつい、成果がすぐに出ない、だから自分には向いていないとして、すぐにあきらめて仕事を辞《や》めてしまう若者たちに、じっくり考えてもらいたい言葉ですね。

この世は「娑婆《しゃば》世界」ですから、思うようにいかないことが多いのです。娑婆とは、サンスクリット語の「サハー」を音写したもので、忍土《にんど》あるいは忍界《にんかい》などと訳されます。

仏典には、

「このもろもろの衆生《しゅじょう》は、三毒および諸々《もろもろ》の煩悩《ぼんのう》を忍受《にんじゅ》する。それゆえに、この界を名づけて忍土というのである」

とあります。たしかに、世間を渡るのは大変なことで、ついつい「鬼ばかり」とつぶやきたくもなります。

しかし、『法華経』では、この苦難の多い娑婆世界こそ、「仏の住所」であるとしています。『如来寿量品第十六《にょらいじゅりょうほん》』には、「これよりこのかた、私はつねにこの娑婆《しゃば》世界にあって教えを説いている（自従是来《じじゅうぜらい》。我常在此《がじょうざいし》。娑婆世界《しゃばせかい》。説法教化《せっぽうきょうけ》）」とあります。この娑婆世界のただ中で実証を示していく。それこそ、仏教者の態度でありましょう。その時こそ、この娑婆世界がそのまま寂光土《じゃっこうど》へと転換するのです。

池田SGI会長は、

「水によって波を見、波によって水を知るように、信心の英知によって九界五濁《ごじょく》の荒波を見通し、波荒き五濁との取り組みによって、仏界の醍醐味《だいごみ》を獲《かく》得《とく》しつつ、進んでまいるのであります」

と、指導されています。

また、女性が仕事をもつことの意義について、

「社会的な関心と、身近《みぢか》なものへの関心とは、けっしてどちらが優《すぐ》れているかということはない。ただあえていうならば、女性として、その両方の世界に、向ける眼をもってほしいと私は思う。『社会に出る』ということ、また、職場の意味も、一つにはそこにあると考えられる」

と述べられています。そして、

「生活という大地に根を張った女性たちが、時代の建設に立ち上がっていく時、はじめて、社会を蘇生《そせい》させることができる。自分や一家の幸福を築くだけでなく、社会に目を開き、すべての女性を宿命《しゅくめい》の鉄鎖《てっさ》から解放していく。社会を、楽しく、平和なものにしていく。ここに、真の『女性解放』の運動がある」

と、大きな期待を寄せてくださっているのです。

信仰で培《つちか》った心の輝きを、職場や地域に反映《はんえい》させ、価値を創造していく日々を、楽しくほがらかに送っていきたいものです。

五 「平和の世紀《せいき》」をめざして

アメリカ人の友人と、「戦後」について話していた時のことです。

「どの戦争?」

と、聞き返されて、ハッとしました。

私は、第二次世界大戦のつもりだったのですが、アメリカではその後、朝鮮戦争があり、ベトナム戦争があり、湾岸《わんがん》戦争もあったのです。また「九・一一同時多発テロ」以降の状況を「新しい戦争」と呼ぶならば、これも数に入るでしょうか。

アメリカだけではありません。人類はなんと長いあいだ、戦争と暴力を繰《く》り返し、それによって傷ついてきたことでしょう。市井《しせい》の人々の平凡な幸福を破壊する、さまざまな形の暴力。その最たるものが戦争です。

今日もなお、戦火は止《や》みません。アフガン空爆をテレビで見ていた子どもが、不安げに、

「あのタマ、ウチにも飛んでくるの？」

と聞いたそうです。対岸の火事ではないのです。

また、平和学者、ヨハン・ガルトゥング博士が述べた「構造的暴力」は、より身近にひそんでいます。基本的人権の侵害《しんがい》、セクハラ、いじめ、ドメスティック・バイオレンスのような身の回りの暴力（言葉の暴力も含めて）が、蔓延《まんえん》しているのです。

仏教は、非暴力の立場から、平和思想を表明しています。

『ダンマパダ』には、

「すべてのものは暴力におびえる。すべてのものは死を恐れる。わが身にひき比べて殺してはならない。人を殺させてはならない」(一二九節)

とあります。「わが身にひき比べて」というのは、他人の立場に立って、ということです。自分が殺されるのがいやだったら、他人も殺してはならないというのです。

また、

「『われらは、この世において死ぬはずのものである』と覚悟《かくご》しよう。……このことわりを他の人々は知っていない。しかし、人々がこのことわりを知れば、争《あらそ》いはしずまる」(六節)

とも述べています。

やがて死すべき私たちであれば、せめて生きている間は争いをやめようと。

この世にいる時間はわずかなのであるから、同じ生きるなら、争い憎《にく》しみあうのではなく、仲良く生きるほうが、幸《しあわ》せなはずです。

さらに、『相応部経典』は、

「他人が怒ったら、気を落ち着けて、静かにしているがいい。それが愚人《ぐにん》を制止する道だ」

と説きます。

他人の怒りにこちらも怒りで応酬《おうしゅう》したら、火に油をそそぐだけです。「憎しみの連鎖《れんさ》」はとどまることがないのです。その場合は、境涯《きょうがい》の上の人が耐えることで、相手の怒りをおさめさせるしかない。非暴力の実践です。

マハトマ・ガンジーは、非暴力が「弱者の武器」ではなく、「この上なく雄々《おお》しい心をもつ人の武器」であると宣言しています。非暴力とは、相手の心に内在する善性を信じ、徹底的《てっていてき》に信頼することによって、相手に恥《は》じ入る心を起こさせ、ともに高まっていこうとする、崇高《すうこう》な実践なのです。

アメリカの「同時多発テロ」の後、ガンジー、マーティン・ルーサー・キング、ネルソン・マンデラ、そして池田SGI会長たちによる非暴力の実践に、世界中から改めて注目が集まっています。最終的な解決はここにしかないことに、人々が気づき始めたのでしょう。

こうした平和思想の根底には、仏教の生命尊厳の理念があります。すでに見たように、人間生命のみならず、生きとし生けるものに、「仏性」という尊厳なる当体を洞察《どうさつ》するのです。それゆえに、それを侵害《しんがい》する暴力や戦争は、もっとも重い罪であると考えられます。

日蓮大聖人も、

「一切の諸戒の始めは皆不殺生戒《ふせっしょうかい》なり、上大聖より下蚊虻《もんもう》に至るまで命《いのち》を財《たから》とせざるはなし、これを奪へば又第一の重罪なり（一切の諸戒の始めは、すべて不殺生戒である。上は仏から下は蚊や虻に至るまで、自分の生命を財宝としないものはない。この命を奪えば、第一の重罪となるのである)」(「妙密上人御消息」一二三七頁)

と、殺生は第一の重罪であることを説かれています。

また、生命の尊さを強調され、

「いのちと申す物は一切の財の中に第一の財なり、遍満《へんまん》三千界《かい》無《む》有直身命《うじきしんみょう》ととかれて三千大千世界にみてて候財も・いのちには・かへぬ事に候なり」(生命というものは、一切の財の中で第一の財である。「三千界に遍満する財も、身命にあたいするもの有ること無し」と説かれて、三千大千世界に満ちた財であっても、生命に代えることはできない)」(「白米一俵御書」一五九六頁)

等と述べられています。

めざすべきは、不戦の平和世界です。

池田SGI会長は、次のように述べておられます。

「『戦争』という人類の業《ごう》の転換なくして、ひとりひとりの人間の真の幸福も安寧《あんねい》も訪《おとず》れることはない。これが、仏法者としての私の切実《せつじつ》な思いです。『戦争ほど悲惨《ひさん》で残酷《ざんこく》なことはない』……これが、人類が大きな代償《だいしょう》を払った末に得た教訓《きょうくん》であり、子どもたちのためにも『不戦の世紀』への確かな道筋をつけることが、何にもまして、私たちが果たすべき責務《せきむ》なのです」

私たち女性は、平和創出のために、何ができるでしょうか。

たしかに、すべての女性が平和的というわけではありませんし、すべての男性が暴力的というわけでもありません。暴力の多くが、男性によって引き起こされているように思えますが、戦争に加担《かたん》した女性が存在することも事実です。

しかし、生命を産《う》み育《はぐく》む当事者であり主体者、それゆえに生命のかけがえのなさを身にしみて感じている女性たちが、もし、しかるべき時と場を得ることができたなら――。

暴力・武力・競争・能率《のうりつ》・利潤《りじゅん》ばかりを優先してきた社会に対し、有益な発言と行動を示すことができるのではないでしょうか。

たとえば、経済優先のあげくの環境問題や薬害問題には、生命の尊厳を守る立場から、有益な発言ができるでしょう。教育問題には、子どもを育てあげた経験が役立つでしょう。

また、最大の人権侵害《しんがい》である戦争に対しても、経済的利益や政治的メンツよりも、人を傷つけない、殺さないことのほうが価値があるとの視点《してん》を、提供《ていきょう》することができるのではないでしょうか。

SGI会長は指摘されています。

「男性中心の古い社会は、端的《たんてき》にいえば『力にものをいわせる社会』である。

力ずくで『無理が通って、道理が引っ込む』時、あらゆる力は『暴力』になる。暴力の対極《たいきょく》は、『文化』であり、『平和』であり、『教育』であり、その根底は、『人間への愛情』である。だから『女性の世紀《せいき》』とは、『暴力の勝利』を終わらせ、『人間愛の勝利』を勝ち取るべき世紀だ」

また、

「『女性の世紀』といっても、女性だけが活躍するわけではない。だれもが『人間として』平等に個性を伸《の》ばせるように協力しなければならない。そのためには、女性の人格を尊敬し、女性の活躍を心から喜べる男性が増えなければ、いつまでたっても、女性に理不尽《りふじん》な負担《ふたん》をかけつづけることになる。その意味で、『女性の世紀』とは、男性が成長しなければならない時代なのである」

とも述べられています。

そうした意味でも、「女性の世紀」は、人類の大きな希望を包括《ほうかつ》していま
す。女性も男性も責任を分かちあい、人間として豊かに伸びやかに自己実現
する。他者とともに生きることで、幸福感を満喫《まんきつ》できる——。

そうしてみると「女性の世紀」とは、「人間の世紀」であり、「生命の世紀」
であるといえましょう。

もし、私たちがそのことをはっきりと自覚《じかく》するならば、いま、この瞬間か
ら、新しい時代は始まるのです。

あとがき

混迷の度を深める現代社会にあって、女性たちのがんばりが目をひいています。社会のあらゆる分野《ぶんや》でさっそうと活躍する姿は、社会と人々に活力《かつりょく》を与え、未来に希望をいだかせてくれます。

このたび、仏教思想を女性の視点から再考察してみたところ、おどろきと感動の連続でした。それが、現代を生きる女性たちへの珠玉《しゅぎょく》のアドバイスの宝庫であることを、あらためて実感できたからです。

釈尊《しゃくそん》や日蓮大聖人の教えは、時代を超えて、私たちの心にストレートに響いてきます。また、その深い仏教の智慧を現代に展開し、実践されている池田SGI会長に、世界中から期待と称賛《しょうさん》の声が高まっているのも、当然であると感じました。

この思いを、男女を問わず、読者の皆さまと共有できれば、とてもうれしく思います。また、友人たちと「お茶する」時の話のネタとしてでも使っていただければ、これほどの喜びはありません。

執筆に当たり、多くの文献を参照・引用させていただきました（引用した場合、字句を変更したものもあります）。紙数の都合《つごう》もあり、各箇所で示すことはしませんでしたが、主なものをここにまとめて記《しる》し、感謝の意を表します。

＊参照・引用文献（五十音順）

池田大作『御義口伝講義』上下、聖教新聞社、一九六五〜六七年。
池田大作『女性抄』第三文明社、一九七六年。

池田大作『生活の花束』海竜社、一九七八年。

池田大作『池田大作全集』聖教新聞社、一九八八年〜。

池田大作『21世紀文明と大乗仏教　海外諸大学講演集』聖教新聞社、一九九六年。

池田大作『法華経の智慧　二十一世紀の宗教を語る』第一〜六巻、聖教新聞社、一九九六〜二〇〇二年。

池田大作『箴言集　四季の語らい』聖教新聞社、二〇〇二年。

池田大作／ヘイゼル・ヘンダーソン『地球対談　輝く女性の世紀へ』主婦の友社、二〇〇三年。

岩本裕『仏教と女性』第三文明社、一九八〇年。

梶山雄一・桜部建・早島鏡正・藤田宏達編『原始仏典』全十巻、講談社、一（ブッダのことばI）、一九八五年、同七（ブッダの詩I）、一九八六年。

御書講義録刊行会編『日蓮大聖人御書講義』聖教新聞社。

後白河法皇撰『梁塵秘抄』川口久雄他校注『日本古典文学大系　七三』岩波書店、一九六五年。

創価学会指導集編纂委員会『創価学会指導集』聖教新聞社、一九七六年。

第三文明社編集部編『よくわかる仏法用語』第三文明社、一九九二年。

中村元『仏教語源散策』東京書籍、一九七七年。

中村元訳『ブッダの真理のことば　感興のことば』岩波書店、一九七八年。

中村元『原始仏典Ⅱ　人生の指針』東京書籍、一九八七年。

中村元『仏典のことば』岩波書店、一九九八年。

奈良康明編著『仏教名言辞典』東京書籍、一九八八年。

堀日亨編『日蓮大聖人御書全集』創価学会、一九五二年。

宮坂宥勝『真理の花たば・法句経』（現代人の仏教　二）、筑摩書房、一九六〇年。

なお、第二章五、六、九は、かつて以下の雑誌に収録したものを、大幅に加筆訂正したものです。

「仏教に学ぶ『対話』の智慧」『第三文明』第四八八号、二〇〇〇年九月。

「人持ちのススメ　いかに友情を拡大するか」『同』第四九四号、二〇〇一年二月。

「友人葬と人間の絆」『大白蓮華』第五二一号、一九九四年六月。

最後になりましたが、この魅力的な企画をすすめてくださり、遅れがちな執筆を忍耐強く見守ってくださった第三文明社の出版部の方々に、心より感謝申し上げるしだいです。

二〇〇三年一月

栗原淑江

〈著者略歴〉

栗原淑江（くりはら・としえ）

1952年生まれ。創価大学大学院文学研究科社会学専攻博士課程修了。

(財)東洋哲学研究所・主任研究員、創価大学講師。社会学博士。

専門は社会学、女性学。

著書に『未来をつくる女性の力』（第三文明社）、『女性のための人間学セミナー』（同）、『賢く生きる』（同）、『ガンジー・キング・イケダ』（同、訳書）、『女性学へのプレリュード』（北樹出版、共著）、『池田大作 偉大なる魂』（鳳書院、訳書）、『池田大作　師弟の精神の勝利』（同）、『アメリカの創価学会』（紀伊國屋書店、訳書）など。

女性《じょせい》に贈《おく》る幸《しあわ》せへの指針《ししん》

2003年 3 月16日　初版第 1 刷発行
2009年 7 月30日　初版第 5 刷発行

著　者　栗原淑江《くりはらとしえ》
発行者　大島光明
発行所　株式会社　第三文明社
東京都新宿区新宿1-23-5 郵便番号　160-0022
電話番号　編集代表 03(5269)7154
営業代表 03(5269)7145
振替口座　00150-3-117823
URL　http://www.daisanbunmei.co.jp
印刷・製本　藤原印刷株式会社

ISBN978-4-476-06187-1